FLORECIMIENTO
A TRAVÉS DE
LAS VIRTUDES

ARLES BALLESTEROS

FLORECIMIENTO
A TRAVÉS DE
LAS VIRTUDES

HISTORIAS, TÉCNICAS Y REFLEXIONES
QUE TE AYUDARÁN A ALCANZAR UNA
MEJOR CALIDAD DE VIDA

Quisqueyana Press
San Diego, California, EE. UU.

Florecimiento a través de las virtudes

Historias, técnicas y reflexiones que te ayudaran
a alcanzar una mejor calidad de vida
Por: Arles Ballesteros

ISBN: 979-8-9855858-5-8, Tapa blanda (Versión en español)

Número de Control de la Librería del Congreso: 2022907172

Otras versiones:

ISBN: 979-8-8472592-2-4, Tapa dura (Versión en español)
ISBN: 979-8-8472533-7-6, Tapa dura (Versión en inglés)
ISBN: 979-8-9855858-7-2, Tapa blanda (Versión en inglés)
eBook ASIN: B0BB4H3VHD (Versión en inglés)
eBook ASIN: B0BB5D19SB (Versión en español)

Para ordenar copias adicionales del libro, visite
QuisqueyanaPress.com/tienda, Amazon.com o contacte a:

QUISQUEYANA
Press

Quisqueyana Press
Poway, California, USA
info@quisqueyanapress.com
www.quisqueyanapress.com

«...*estaba desnudo, y me vistieron; enfermo, y me visitaron; en la cárcel, y vinieron a Mí*».

Mateo 25:36 NBLA

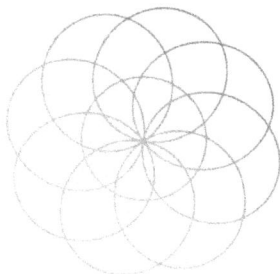

DEDICATORIA

Dedico este libro, *Florecimiento a través de las virtudes* a todos mis amigos, especialmente a los marinos que se ausentan de sus hogares internándose en los mares de países remotos a bordo de cruceros, no lo hacen por placer, sino como única alternativa para sustentar a su familia. A mis excompañeros meseros con los que compartí las mismas vivencias en varios hoteles de la ciudad puerto de La Ceiba que se encuentran en mi país de origen, Honduras.

A mis colegas y al personal en general del hotel Monteleone en Nueva Orleans, Estados Unidos.

Asimismo, lo dedico a mis talentosos amigos barberos que, mientras me acicalaban cortándome el cabello, me animaron para que mi sueño de escribir este libro hoy se hiciera una realidad, ellos son, Javier, Duval, Juan y Elmer.

Se lo dedico también a los millones de seres humanos, a las parejas y familias que pretendan desarrollar su nobleza y cualidades humanas, de igual modo a las personas que, en lugar de pensar sólo en dinero, disfrutan ayudando a los demás, a los que anhelan aprender a vivir y a complacerse de las alegrías que Dios nos regala a lo largo de nuestra existencia.

AGRADECIMIENTOS

El año 2017 se puso la primera piedra angular de este libro, que se titula: *Florecimiento a través de las virtudes,* cuando comencé mi primer análisis acerca de la gente con virtudes prodigiosas.

Esta obra refleja los conocimientos y conceptos adquiridos después de haber leído varios libros sapienciales que se encuentran en la Biblia.

Además, he contado con la ayuda de personas verdaderamente extraordinarias como Robert T. Kiyosaki, Napoleón Hill, Sergio Fernández y Raimón Samsó, estos hombres, a través de sus obras, me han inspirado para poder ayudar a otros.

Agradezco al Divino Creador del universo por haber iluminado mi vida, con una bella familia, y por los maravillosos dones y el carisma que me ha regalado.

Estoy enteramente agradecido con mi esposa Ana, por sus consejos, por su paciencia y por su ayuda a la hora de desarrollar un primer bosquejo del manuscrito.

Agradezco a mi hija Yorkel por su excelente participación en la revisión final del libro.

Del mismo modo, agradezco a mi hija Melsy por su apoyo, al introducirme al mundo de la informática. De igual manera, le doy un agradecimiento muy especial a María Aduke Alabi por brindarme su colaboración haciendo posible la edición de esta obra que sostienes en tus manos.

Y, finalmente, le agradezco a usted por tomar la sabia decisión de adquirir el libro que, con buena voluntad y amor, he escrito.

Arles Ballesteros, Nueva Orleans.

ÍNDICE

PRÓLOGO

Justificado por su profundo deseo de darle al mundo un libro que reconstruye vidas.

Arles Ballesteros, escritor autodidacta, nació en Olanchito... la ciudad cívica de Honduras, llamada así por ser cuna y cielo de reconocidos autores, entre ellos Ramón Amaya Amador autor de la obra *Prisión verde*.

En agradecimiento por la gracia recibida, pone en tus manos su gran obra llamada: *Florecimiento a través de las virtudes*.

Este libro contiene diecinueve capítulos, y reúne en ellos, escritos que generan crecimiento y pensamientos positivos que, a la vez, sensibilizan tu existencia dirigiéndola con amor hacia el bien común.

Como muestra de ello, en las páginas 118 y 159 encontrarás como ejemplo los textos titulados.

1. *Estoy harto de la vida.*
2. *Los angelitos.*

Son dos reflexiones integrativas en las que se anulan las diferencias sociales y que te ayudan a reconocer tu inclusión real en todo momento de la vida, bien sea que estés solo o acompañado.

Sumar tu presencia a este libro, abrirá tu mente para que encuentres la solución espontánea de conflictos internos o externos y, al mismo tiempo, llenar tus vacíos. Entonces, juntos habremos triunfado en esta gran obra que ha sido hecha para ti con amor y sobre todo con mucha pasión.

Ana de Ballesteros, esposa

INTRODUCCIÓN

Las virtudes son el patrimonio moral del hombre, ellas lo ayudan a comportarse bien en toda circunstancia.

El florecimiento humano es un valor que coloca a las personas en el centro de todas sus actividades e iniciativas.

Entre algunas de estas virtudes están, la gratitud, la indulgencia y la honestidad, pero hay dos que son las más importantes:

1. La humildad, es la madre de todas las demás virtudes, ya que nos conduce a la aceptación de nuestros defectos, debilidades y limitaciones.

2. El coraje o la valentía, se necesita para decir siempre la verdad, para mantenerse alegre y optimista en medio de los momentos más difíciles, para perdonar cuando aún nos duele

una herida. Cualquier virtud que quieras cultivar demandará valor.

La práctica de las virtudes nos permite adquirir la verdadera sabiduría, nos ayudan a convertirnos en mejores personas y evitar vivir vidas superficiales, de esas que sólo están guiadas por la búsqueda de riquezas materiales y estatus.

A través de este libro, comparto historias, técnicas, y reflexiones que te ayudarán a encontrar y a vivir una vida más floreciente.

Por ejemplo, podrías descubrir una nueva habilidad y crear una nueva forma de compartir tu tiempo, tus talentos e, incluso, parte de tu dinero, que podrían mejorar las vidas de muchos seres humanos.

Desarrollarás la voluntad de cultivar un alma cada vez más sana y buena, amar y disfrutar de la gente que te rodea, ser generoso con tus cosas y también ganarás muchos amigos.

El proceso de aprendizaje a través de escuchar o leer historias le gusta mucho a la gente, es por ello por lo que he decidido usar esta forma como herramienta importante para llevarte este mensaje que trata sobre el bienestar humano.

Por medio de esta obra, compartiré contigo algunas de mis maneras de ayudar a los demás.

Ahora, sin más preámbulo, comencemos a disfrutar de este escrito.

FLORECIMIENTO
A TRAVÉS DE
LAS VIRTUDES

UNO

LA AFABILIDAD

Puede asociarse a la amabilidad, la cortesía y la cordialidad. Cuando una persona es afable, demuestra sencillez, simpatía, franqueza y bondad en sus relaciones sociales.

La persona afable, al recibir una visita, se muestra atenta, ofreciendo algo para beber o intenta que la visita se sienta cómoda.

Lo contrario a la afabilidad, es la antipatía o la descortesía.

En este caso, la gente tiene un comportamiento seco y frío.

Además, podríamos establecer que, cuando una persona desea mejorar su nivel de afabilidad, debe seguir los siguientes pasos:

- Debe esforzarse por ser más cuidadoso en su trato con los demás.

- Toda persona sabia debe tener el don de la afabilidad, con ello conseguirá hacerle la vida mucho más agradable a todos aquellos con los que conviva.

La afabilidad está relacionada con la justicia, pues ambas permiten que cualquier ser humano se comporte de la mejor manera posible con el resto.

El malhumor, la falta de educación y la grosería son opuestos a ser amable. Un saludo cortés o un comentario amable pueden alegrar el día de una persona.

Por ejemplo, un hombre puede pedirle amablemente a su vecino que baje el volumen de la música, sin necesidad de ser agresivo o violento y sin alterar la convivencia pacífica. Otro, en cambio, puede entrar en una discusión sin sentido por su falta de afabilidad.

La afabilidad es una virtud muy importante para una sana convivencia humana.

El trato a los demás con dulzura manifiesta un verdadero espíritu de amor que contribuye al florecimiento de las personas.

LA AMABILIDAD COMIENZA EN CASA

Compartiré contigo un fragmento de mi vida.

Cuando era un niño de nueve años, vivía con mis padres y mis hermanos en un campo bananero llamado «Palo Verde», ubicado en «Coyoles», que es la central de todos los campos bananeros que se encuentran en el municipio de «Olanchito», departamento de Yoro, en Honduras.

Dichos cultivos de banano pertenecían a la empresa transnacional Standard Fruit Company, fundada en los Estados Unidos en el año 1924 por los hermanos Vaccaro. Su forma de operar en aquel tiempo era que estibaban los bananos en vagones de carga, luego eran transportados por ferrocarril hacia el puerto de La Ceiba, y colocados dentro de un buque de carga que, posteriormente, los trasladaba vía marítima a la ciudad de Nueva Orleans en EE. UU. Algunas veces, el producto era enviado al continente asiático y también a Europa.

Nuestro hogar estaba conformado por una familia de once miembros, mis padres, y mis tres hermanas, Norma es la mayor, luego Araceli, y Marieta, que en ese entonces se había emancipado, y seis hermanos, que nombrándolos de mayor a menor serían: Wilfredo, Felipe, Héctor, Arles, Richard y Sergio.

Mi abnegada madre, Anastasia, fomentaba el amor en el hogar de forma natural, uno de sus métodos consistía en incitarnos a practicar el intercambio de vestimentas. Especialmente durante el invierno, época en la que se nos dificultaba lavar la ropa, lo hacíamos de forma manual ya que no teníamos lavadora, ni secadora, además los barracones donde vivíamos no estaban provistos de servicio eléctrico.

Cuando, por alguna razón, faltaban mis hermanas o mi madre, que eran las que cocinaban nuestros alimentos y también nos lavaban la ropa, distribuíamos las tareas del hogar entre todos los hermanos, unos preparaban un tiempo la comida, mientras otro se internaba en las densas fincas de banano para llevarle el desayuno o el almuerzo a mi padre al lugar en el que se encontrara desempeñando su labor.

Mi querido(a) lector(a) el punto que estoy ávido por compartir contigo es el caso especial de uno de los miembros de mi familia.

Richard era uno de mis hermanos, dos años menor que este servidor. Él, a la edad de un año y diez meses, accidentalmente ingirió gas queroseno y, por alguna razón, quizá por desconocimiento de mis padres, no se hizo el debido seguimiento médico al caso.

Conforme transcurrió el tiempo, progresivamente, el veneno fue dañando su cerebro hasta un punto en el que empezó a causarle ataques de epilepsia, trastornos neurocognitivos y dependencia mixta.

Richard, a sus siete años, era totalmente dependiente. Su estado de salud exigía el cuidado de un niño de un año, así que, con mucho amor, todos los hermanos, sin excepción alguna, lo aseábamos, lo vestíamos, le servíamos su comida y lo asistíamos cuando se iba a dormir. Sumado a esto, como no teníamos silla de ruedas, tres veces por semana, este servidor lo montaba sobre una carreta artesanal de una rueda y lo llevaba a pasear alrededor de la cuadra. En ese entonces, cuando vivíamos esa experiencia, llegué a sentir mucha compasión por mi hermanito Richard, especialmente, cuando sufría los ataques de epilepsia siendo apenas un niño de siete añitos.

A veces, pienso que Dios lo trajo a este mundo como un medio para que aprendiéramos a brindarle amor verdadero al prójimo.

Estimado(a) lector(a) gracias por permitirme confesarte que, mientras escribía este párrafo sobre la vida de Richard, fue imposible, para mí, evitar llorar y derramar muchas lágrimas. Pienso que muchos de nosotros no valoramos la salud que Dios les da a sus hijos, yo te invito a que, al levantarte de tu lecho por la mañana, agradezcas a Dios por tu vida, por tu salud, por tu familia y por todas las bendiciones que recibes desde lo Alto.

Conforme pasaba el tiempo fuimos creciendo y emigrando, buscando la manera de fomentar nuestro florecimiento personal.

Norma, actualmente es microempresaria y propietaria de un restaurante.

Wilfredo, hoy en día es un excelente sastre. Él me narró una anécdota que quisiera compartir: en cierta ocasión se encontró con un amigo en la ciudad de Nueva Orleans que hacía mucho tiempo no veía. Mientras platicaban, mi hermano observó que el individuo se mostraba inquieto cada vez que intentaba sentarse. Wilfredo le preguntó qué le sucedía y el sujeto le respondió que tenía hemorroides, al advertir el estado de gravedad del amigo, Wilfredo lo llevó inmediatamente a la emergencia del hospital, allí lo intervinieron quirúrgicamente salvándole, milagrosamente, la vida, gracias al papel que, como buen samaritano, desempeñó mi hermano.

Felipe, actualmente es teniente «retirado» de infantería y también es escritor, autor de las obras:

1. *Mi hijo y yo.*
2. *La isla de los hombres solos.*
3. *Telaco desafiando al destino.*

Sergio, el menor de todos, por su virtud magnánima, hoy por hoy, es un oficial activo con el grado de teniente coronel, a quien admiro mucho por sus grandes cualidades y por su humildad.

Richard, quien accidentalmente ingirió gas queroseno, pasó a una mejor vida, hoy es un angelito que goza de la presencia de Dios, falleció a los 14 años.

Su servidor Arles, está felizmente casado, tiene tres hijas, un varón, dos nietas y un nieto. Tiene mucha inclinación por el arte y le gusta ayudar a los demás.

- Soy escritor autodidacta, autor de la obra literaria: *Florecimiento a través de las virtudes.*
- Bachiller en administración de empresas.
- Marino «retirado».
- Soldador, experto en la fabricación de rejas residenciales.
- Artesano, experto en fabricar esculturas utilizando tenedores, cuchillos y cucharas de mesa como materia prima.
- Experto en el arte del «origami».
- Aficionado a tocar instrumentos musicales, entre ellos: la guitarra, el piano y el tambor.

DOS

EL CARISMA

Todos tenemos la capacidad de ser carismáticos. Esta es una habilidad que puedes aprender. Ser carismático con los demás es un bien espiritual que permite ver la vida desde la perspectiva de otra persona.

Todos hemos conocido, por lo menos, a una persona llena de vitalidad que parece hacerse amigos de todos. Las personas terminan admirándolas y apreciándolas, esas personas demuestran que pueden lograr cualquier objetivo que se propongan, todas las puertas se abren a su paso, como si el mundo se ajustara a sus deseos.

Pareciera que, de alguna manera, tienen más éxito en la vida, mejores puestos de trabajo, una familia bonita, sus casas son enormes, se van de vacaciones a lugares paradisíacos y, curiosamente, nadie les tiene envidia porque les caen bien a todos.

Las personas que rodean a un individuo carismático se sienten confiadas y seguras con él, sienten admiración por ese individuo y se les hace muy fácil llevarse bien con él. Esa persona logra sacar lo mejor de ti, te sientes integrado al sentir que él escucha tus opiniones.

Esto se debe a que las personas carismáticas pueden construir relaciones positivas mucho más fácil que otros, esta forma de ser es lo que los hace resaltar como líderes y ser personas agradables.

Por eso, suelen ser elegidos para ocupar los mejores puestos de trabajo o para ganar el favor de las personas.

Ser generoso con los demás, es imprescindible para nuestra sana convivencia como humanos y para nuestro bienestar general.

Una de las formas en las que se puede ser caritativos es ofreciendo nuestro tiempo sin importar lo largo o corto que sea, dar tu tiempo de calidad es estar presente con otros para apoyarlos de una manera práctica.

Por ejemplo, podría tratarse de: servir comida en un refugio, ayudar durante un desastre natural, ser voluntarios para llevar a personas mayores a sus citas, preparar la cena para algún vecino enfermo o cualquier actividad que te permita ayudar y conocer a aquellas personas que estén a tu alrededor y que requieran de tu ayuda.

Tú podrías tener algunas cualidades personales que podrías compartir con otros, por ejemplo, tu entusiasmo, esperanza, gratitud, paciencia y amor o puedes proponerte aumentar estas cualidades o adoptarlas en tu propia vida, por ejemplo, puedes

escuchar pacientemente a una persona cuando comparte su historia de estar sin trabajo, u ofreciendo aliento a alguien que se siente desanimado.

LA PRÁCTICA DE LA MAGNANIMIDAD

La magnanimidad se evidencia en aquella persona que tiene noble temperamento y grandeza de espíritu. Es una disposición de dar más de lo que se considera normal, de emprender sin miedo, de entregarse hasta las últimas consecuencias, de avanzar pese a cualquier adversidad.

La magnanimidad es la virtud que convierte a un simple ser humano en un héroe.

Hace algunos años trabajaba a bordo de un crucero, allí conocí a un personaje magnánimo, su nombre es Ergin. En ese entonces, él era el gerente a cargo del restaurante «Windjammer», ubicado en la cubierta superior del barco, ahí proporcionábamos servicio tipo *buffet* a los pasajeros.

El señor Ergin lideraba a un grupo de aproximadamente sesenta personas, conformado por sus asistentes, meseros y cocineros.

Siempre que Ergin se desplazaba por cualquier área del restaurante, saludaba con amabilidad e interactuaba con todas las personas que encontraba a su paso. Practicaba esa virtud de levantarle el ánimo a las personas mediante bromas suaves y graciosas.

La personalidad de Ergin llamaba la atención y resaltaba sobre la mayoría de los tripulantes, nos gustaba trabajar con él por el carisma que lo caracterizaba.

Un día, estábamos varios compañeros meseros envolviendo cuchillos y tenedores en servilletas de tela, luego las poníamos dentro de una fina canasta de mimbre y, una vez llenas, las trasladábamos a la línea del *buffet*. De pronto, llegó el señor Ergin y notó que, todos estábamos serios, así que se acercó al joven más chaparro del grupo y le preguntó: ¿y tú por qué estás tan serio?, ¿es que deseas pelear conmigo?, antes de que el joven le respondiera Ergin se posicionó frente a él como todo un boxeador, pero con la guardia baja, como listo para recibir los golpes de su contrincante.

Al presenciar al señor Ergin de, aproximadamente, dos metros de altura, frente aquel jovencito de un metro y medio, todos rompimos a reírnos a carcajadas y él, una vez que logró su objetivo, se marchó satisfecho por habernos levantado el ánimo, no podíamos parar de reír. A partir de ese momento trabajamos con mucho entusiasmo y con mucha alegría.

Compartiré otra breve anécdota contigo acerca de la magnanimidad del señor Ergin. Una noche, cuando eran más o menos las ocho y cuarenta, yo me encontraba en la terraza del barco, navegábamos en alta mar a una velocidad de, aproximadamente veinte nudos, que equivalen a treinta y siete kilómetros por hora.

Me encontraba realizando el cierre de jornada, este consistía en trasladar varias sillas de piscina al interior de una bodega, me disponía a tomar la primera cuando, de pronto, percibí que el viento zarandeó la silla en mis manos, era tan fuerte que amenazaba con arrastrarme hacia el mar, al advertir el peligro, devolví la silla a su lugar y posteriormente me fui a pedir ayuda en el interior del restaurante «Windjammer», me dirigí hasta donde se encontraba el señor Ergin y le informé lo sucedido, me respondió que dicha tarea debía ser realizada por dos personas, de modo que él mismo se ofreció a ayudarme.

Me acompañó hasta la terraza del buque y, al llegar al sitio, entre ambos, tomamos cada uno un extremo de la silla y, una por una, fuimos trasladándolas hasta depositarlas en el interior de la bodega que se hallaba a unos cuarenta metros de distancia.

De esta manera, el señor Ergin me demostró y me brindó parte de su nobleza.

Ojalá todo empresario e individuo que se comporta de manera inadecuada con sus subalternos renuncie a esa forma hostil de victimizar a sus inferiores y que se instruya para liderar con magnanimidad, como lo hace el señor Ergin.

Ergin se caracteriza por su generosidad y es por eso que ahora desempeña el cargo de superintendente senior en la empresa de cruceros más poderosa del mundo: Royal Caribbean International.

TRES

LA AUTOESTIMA

Ahora, más que nunca, debemos valorar, amar y agradecer el don de la vida. Son miles las personas que, este día, han dejado de existir en este mundo, y tú sigues aquí.

Además, si estamos trabajando, estudiando, progresando o alcanzando metas, es un gran privilegio cumplir años, tener con quién celebrarlo y compartir, eso es algo que debemos valorar y apreciar, sin embargo, esto contrasta totalmente con todos los reportes que la Organización Mundial de la Salud está difundiendo.

Esta organización dice que la depresión y la baja autoestima ha aumentado exponencialmente y los suicidios en jóvenes entre la edad de quince a veintinueve años, superan las muertes por accidentes de tránsito y por guerras.

«Hay una abrumadora evidencia que, cuanto más alto es el nivel de autoestima, es más probable tratar a otros con respeto, amabilidad y generosidad».

Mi propósito a través este texto es ayudarte a ser consciente de dónde estás ahora con respecto a tu autoestima, y cómo puedes crear una más saludable.

Todos tenemos una idea con respecto a qué es la autoestima. En general, algunas veces, no creemos que podemos vivir nuestra vida teniendo una autoestima saludable. La mayoría de nosotros cree que la gente con alta autoestima es arrogante, y muchos hemos llegado a la conclusión de que es un tema prohibido. Pero debemos tratar de ser felices y de alegrar a las personas que nos rodean.

¿Cómo se crea nuestra autoestima?

Nuestra autoestima se crea con nuestra familia, maestros, amigos y la sociedad en general. Está determinada por la manera en la que actuamos con otras personas, nuestras relaciones personales, el trabajo y la vida en general. La autoestima se basa en la manera como ves tus habilidades y de tu dignidad como persona.

La autoestima se centra en cómo te sientes con respecto a ti mismo(a).

Las personas con baja autoestima se sienten mal con respecto a ellas mismas, por lo tanto, frecuentemente, viven ansiosos y deprimidos. Por otro lado, las personas con alta autoestima se sienten muy bien y son generalmente seguros de sí mismos, conocen perfectamente la importancia de cuidarse. Sería muy interesante que cuando empecemos a transitar este camino, recordemos algunas cosas que no deberíamos hacer. A continuación, explico cuatro puntos importantes con respecto a esto:

1. La baja autoestima se alimenta de mensajes y pensamientos negativos, por lo tanto, yo te sugeriría que no te critiques.

   Cuando un pensamiento de crítica aparezca en tu mente, cambia la atención y piensa en otra cosa, deja de lastimarte con tu crítica interna y, poco a poco, ese crítico interior tendrá menos fuerza.

2. La baja autoestima se alimenta del miedo a ser rechazado, por lo tanto, no trates de complacer a todo el mundo todo el tiempo para poder sentirte aceptado y amado. Recuerda que lo que sientes es tan importante como lo que sienten los demás, no te niegues a ti mismo(a).

3. La baja autoestima se alimenta de la inseguridad, por lo tanto, no trates de parecerte a otra persona.

   Recuerda que eres único, que tienes talentos y maneras únicas de hacer las cosas, si eres único no puedes ser otra persona.

   Trata de ser siempre una mejor persona y compárate con tu versión anterior no con los demás.

4. La baja autoestima se alimenta del miedo, por lo tanto, no te tomes las cosas tan en serio.

Recuerda que nunca fracasamos, el fracaso no existe. Lo que las personas llaman fracaso, es simplemente la manera que han encontrado para no repetir las cosas. Toma los llamados fracasos como un aprendizaje que te está conduciendo hacia donde quieres llegar, sal de tu zona de confort.

Ejercicios:

- Escribe las formas en las que te has criticado hoy.

- Escribe a quién trataste de complacer y con quién trataste de quedar bien hoy, y por qué lo hiciste.

- Escribe con quién te comparas hoy, y de qué manera lo hiciste.

- Escribe algo en lo que consideres que has fracasado, escribe por qué lo consideras un fracaso, ¿cómo te sientes?

- Escribe qué has aprendido de este fracaso.

- Te recomiendo que repitas este ejercicio durante veintiún días seguidos para lograr que se convierta en un hábito.

Feliz nueva autoestima.

EL ARTE DE MOTIVAR A LOS DEMÁS

Saber que somos merecedores de la felicidad es el mayor conocimiento que puede tener el ser humano en la vida, por lo tanto, te invito a que leas esta historia cuyo mensaje de esperanza puede ayudarte a recobrar la confianza, se trata de la metáfora del billete arrugado.

Esta metáfora es un relato sencillo y claro que puede llegar a ser de gran ayuda.

El denominador común de todas las versiones de esta peculiar historia motivadora radica en que, por muy arrugado que esté un billete, sigue conservando su valor.

EL BILLETE ARRUGADO

Pablo tenía el rostro abatido por tantos problemas debido a los cambios y dificultades familiares por los que estaba atravesando.

Después de tanto pensar, se reunió con su amiga Laura en un restaurante para tomar un café.

Muy deprimido descargó en ella sus angustias.

Que el trabajo, que el dinero, que la crisis, que su vocación, que su fracaso, que sus frustraciones, en fin.

Todo parecía estar en su contra y muy mal en su vida.

Laura lo escuchó pacientemente.

Cuando Pablo terminó de quejarse y esperaba un consuelo, ella introdujo la mano en su bolso, sacó un billete de cien dólares y le dijo.

—¿Quieres este billete?

Pablo, un poco confundido al principio, le contestó:

—¡Claro Laura! Son cien dólares ¿Quién no los quiere?

Entonces, Laura tomó el billete en uno de sus puños y lo arrugó hasta hacerlo una pequeña bola. Mostrándole la estrujada pelotita a Pablo, volvió a preguntarle:

—¿Y ahora, lo quieres aún?

—Laura, no sé qué pretendes con esto, pero todavía siguen siendo cien dólares. Claro que los aceptaré si me los das.

Laura desdobló el billete, lo arrojó al suelo, y comenzó a restregarlo contra el piso con su zapato, levantándolo luego sucio y marcado.

Pablo permaneció quieto viendo la escena, e intrigado preguntó:

—Laura, sigo sin entender adónde vas con esto, pero este es un billete de cien dólares, y mientras no lo rompas, conserva su valor.

Laura, se quedó viéndolo fijamente, le puso la mano sobre el hombro y le dijo:

—Mira Pablo, este es el mejor ejemplo y regalo que puedo darte, debes saber que, aunque a veces algo no salga como quieres, aunque la vida te oprima, te pisotee, te frustre o te haga fracasar, sigues siendo tan valioso como siempre lo has sido. Lo que debes preguntarte es: ¿Cuánto vales en realidad?, ese será tu valor y no lo golpeado que puedas estar en determinado momento. Lo más importante es que, estés como estés, independientemente de los problemas que tengas, tú tienes un valor, y puedes conservarlo.

Pablo se quedó mirando a Laura sin decir una palabra, mientras el impacto del mensaje penetraba profundamente en su corazón.

Levantó el billete, entusiasmado, y se lo devolvió a Laura, ella, en cambio, le dijo:

—Quédatelo, este será un gran ejemplo para que tú se lo des a alguien que tenga el mismo problema.

CUATRO

LA CORDIALIDAD

¿Sabes qué es la cordialidad?

L a cordialidad es un valor que nos permite entablar y mantener buenas relaciones con los demás.

Cordialidad es un sinónimo de amabilidad. Una persona cordial comprende que existen diferentes culturas y aplica el respeto para tratar a cualquier persona, no importa cuál sea su creencia.

Cuando somos cordiales, hacemos sólidas nuestras relaciones con el mundo, así recibimos por atracción el bien que anhelamos.

Con el tiempo se ha perdido la costumbre de que en la familia se inculque el ser cordiales y amables.

Recuerdo, cuando era niño, que nuestros padres nos enseñaron, a mis hermanos y a este servidor, el pedir las cosas por favor y a dar las gracias por los favores recibidos, a sonreír cuando saludamos, a pedir permiso para entrar algún lugar o para tomar algún objeto que no es nuestro, a respetar a los demás, especialmente, a las personas mayores, a ser caballerosos con las damas y con las personas mayores. Por ejemplo, ceder el asiento a un adulto de la tercera edad en un autobús, abrir la puerta y ceder el paso a alguna persona o poner la basura en su lugar.

Yo pertenezco a esa generación que creció tratando bien a todas las personas. Me da dolor que, hoy en día, los mismos adultos, esa generación que creció conmigo, se haya olvidado de todo eso y que los niños de ahora no sepan lo importante que es la cordialidad para sentirse bien consigo mismos.

Hoy, los mismos padres, les dicen a sus hijos que arrojen la basura por la ventanilla del auto o, simplemente, que la tiren al piso.

Mi madre, cuando no había cesto para la basura en algún lugar, nos decía que la metiéramos en nuestros bolsillos y, al llegar a casa, la echáramos en la papelera. Son cosas que aun, siendo adulto, jamás las he olvidado.

Está en nosotros hacer de este un mundo mejor, en el que vivan personas civilizadas. Nadie es más ni menos que otros, todos somos seres humanos, no importa nuestro estatus social, conocimientos, o experiencia.

Basta de quejarnos de los gobiernos, de las ciudades sucias, del transporte público, de los trabajos, del sueldo y de todo aquello que decimos que está mal, más bien preguntémonos... ¿qué estamos haciendo por cambiarlo? ¡Nada!

Empecemos por cambiar nuestra actitud, valores, forma de vida, pensamientos, y todo lo que haga que el entorno sea diferente, practiquemos diariamente la cordialidad y regalemos todos los días una sonrisa al mundo, seamos más empáticos, y preocupémonos de que nos importen más las personas, así estaremos creando un cambio en nosotros y contribuiremos a mejorar el mundo.

Yo me siento bien dando los buenos días, las gracias y pidiendo las cosas por favor, y aun cuando la otra persona no me responda igual yo le sonrío, pues nunca sabemos las adversidades que esa otra persona pueda estar viviendo y, créeme, una simple sonrisa o una palabra amable, hará su carga menos pesada, al menos llevadera.

EL SALUDO

El saludo, por lo general, es la primera muestra de cortesía que ofrecemos cuando nos presentan a alguien, cuando ingresamos a un lugar, o cuando nos encontramos con un familiar, un amigo o un simple conocido.

Existen algunas reglas elementales:

Cuando saludes debes mirar a los ojos de la persona, levantando siempre la frente.

Al entrar a un recinto, la persona que llega, naturalmente, es a quien le corresponde saludar y quien sale debe despedirse.

Al dar la mano, debe hacerse con firmeza, pero sin caer en la rudeza.

Un saludo demasiado suave, inclusive dado por una mujer, no deja una buena impresión.

No es de buen gusto besar a quien no se conoce, basta ofrecerle la mano o presentarse pronunciando claramente su nombre.

Siempre, y bajo cualquier circunstancia, se debe saludar.

Saluda a todas las personas que encuentras en un sitio, al portero, al ascensorista, a la recepcionista, etc.

En una tienda, saluda antes de solicitar un servicio, o en un taxi, antes de dar la dirección a la que quieras ir.

Recuerda, saludar es una manera fácil de expresar amabilidad y reconocimiento. No lo olvidemos.

LA BELLEZA DEL SALUDO

Cuenta una historia que un hombre trabajaba en una planta empacadora de carne.

Un día, terminando su horario de trabajo, fue a uno de los refrigeradores para inspeccionar algo, de repente, se cerró la puerta con seguro y se quedó atrapado dentro del refrigerador.

Golpeó fuertemente la puerta y empezó a gritar, pero nadie lo escuchaba.

La mayoría de los trabajadores se habían retirado ya a sus casas y era casi imposible escucharlo por el grosor que tenía esa puerta.

Llevaba cinco horas en el refrigerador y estaba al borde de la muerte.

De repente, se abrió la puerta. El guardia de seguridad entró y lo rescató.

Después él le preguntó al guardia:

—¿A qué se debió que se te ocurriera abrir esa puerta, siendo que no es parte de tu rutina de trabajo?

Él explicó:

—Llevo treinta y cinco años trabajando en esta empresa; cientos de trabajadores entran a la planta cada día, pero tú eres el único que me saluda en la mañana y se despide de mí en las tardes. El resto de los trabajadores me tratan como si fuera invisible. Hoy, como todos los días, me dijiste: «¡Hola!» a la entrada, pero nunca escuché: «¡Hasta mañana!» y yo espero ese saludo y esa despedida, cada día. Sabiendo que todavía no te habías despedido de mí, pensé que debías de estar en algún lugar del edificio, por lo que te busqué y te encontré.

CINCO

LA GRATITUD

Un estudio publicado por el Centro Nacional de Información Biotecnológica de Estados Unidos reveló que, en muchas ocasiones, el cerebro se distrae en aquello que no tiene y que puede llegar a incomodar a la persona, en lugar de enfocarse en lo que sí tiene y disfrutar de ello.

Eso se llama SESGO DE LA NEGATIVIDAD, un ejemplo de esto lo encontramos en un bonito campo lleno de flores, pero en el que alguien ha dejado unas latas de cerveza «olvidadas».

EL SESGO DE LA NEGATIVIDAD llevará al cerebro a pensar que el campo está sucio y dejará una agria sensación, olvidando que el 99 % de ese manto de flores está exuberante.

Esto explica que, si nos centramos constantemente en lo que nos falta, tendremos una sensación de estrés, de necesidad y de un estado de sobrevivencia constante.

Pero no se trata de «sobrevivir» en la sociedad actual, sino de vivir y hacerlo de la mejor manera posible.

EL SESGO DE LA NEGATIVIDAD, que se estudia en psicología, además, hace a las personas no sólo más infelices, sino también más débiles mentalmente y más predispuestos a las enfermedades de todo tipo.

El agradecimiento consiste en pensar activamente en las cosas que tenemos y por las cuales debemos estar agradecidos.

Una investigación de la prestigiosa Universidad de Harvard explica que la gratitud se trata de que la gente aprecie lo que tiene, en lugar de buscar siempre algo nuevo con la esperanza de que las haga más felices, o de pensar que no pueden sentirse satisfechos hasta que consigan llenar todas sus necesidades físicas y materiales.

La gratitud ayuda a la gente a centrarse en lo que tienen en lugar de enfocarse en lo que les falta.

De modo que, en lugar de centrarte en todo lo malo de tu vida, pon en práctica el agradecimiento.

Lo único que tienes que hacer es empezar a pensar y buscar activamente, haciendo un esfuerzo para hacerte consciente de los aspectos positivos por los que debes estar agradecido, en lugar de dejar a tu cerebro a sus anchas centrarse sólo en lo negativo.

Por ejemplo: gracias porque tengo una casa, gracias porque he ganado el dinero suficiente como para poder comprarla, gracias porque tengo salud para poder trabajar, etc.

Como ocurre con todo lo nuevo que incorporamos a nuestros hábitos diarios, es lógico que, al principio, nos cueste un poco de esfuerzo poner esto en práctica, por lo que habrá que hacerlo conscientemente, por ejemplo, escribiéndolo.

Sin embargo, a medida que se vaya practicando y ejecutando de forma consciente, la lógica dicta que ese agradecimiento se irá mostrando de forma natural y llegará un momento en el que se haga de forma automática.

Para poner esto en práctica te sugiero que, cada mañana, dediques, al menos, seis minutos para escribir las cosas por las que debes sentirte agradecido.

Gracias porque tengo unas manos fuertes que me permiten agarrar las cosas y, a la vez, sensibles para acariciar y sentir a mi familia y tocar instrumentos. Gracias porque tengo unas piernas y puedo caminar, gracias porque tengo dos ojos y puedo ver, gracias porque tengo una familia que me quiere, gracias porque tengo unos hermanos que me ayudan cuando los necesito, gracias porque esta mañana he meditado y he encontrado calma, gracias porque tengo buena comida en el refrigerador, etc.

Con la práctica de la gratitud animas al cerebro a que encuentre los aspectos positivos y beneficiosos que hay en tu vida, trayéndote como resultado una sensación de plenitud, de gratitud, de optimismo y de felicidad.

La gratitud se puede mostrar de forma genérica, pero también en aspectos concretos de la vida.

Cuanto más específico sea, más se profundiza, se percibe y se siente.

La teoría de la gratitud establece que, siendo agradecidos, las relaciones empiezan a ser más satisfactorias.

«AGRADECE A DIOS POR TODO»

MARIANO OSORIO

Una vez, una persona muy acaudalada miró por su ventana y vio a un hombre sacando algo de la basura, entonces pensó, *«gracias a Dios no soy pobre»*.

El hombre pobre levantó la vista y vio a un loco en harapos deambulando por la calle y pensó, *«gracias a Dios no estoy loco»*.

El loco miró hacia adelante y vio pasar una ambulancia y se dijo a sí mismo, *«gracias a Dios no estoy enfermo»*.

Mientras tanto, el enfermo en el hospital vio pasar una camilla con un cuerpo debajo de una sábana y se dijo a sí mismo, *«gracias a Dios estoy con vida»*.

Sólo el muerto no pudo agradecer nada.

¿Por qué no le agradeces hoy a Dios por todas las bendiciones que has recibido, por el regalo de la vida y por este día tan lindo?

¿QUÉ ES LA VIDA?

Para entender mejor qué es la vida, tienes que visitar tres lugares: Un hospital, una prisión, y un cementerio.

En el hospital verás que no hay nada más lindo que la salud.

En la prisión verás que no hay nada más precioso que la libertad.

En el cementerio entenderás que, en la vida, lo que vale son tus buenas obras espirituales, nada más.

La tierra que pisas hoy será tu techo mañana.

La triste verdad: todos llegamos sin nada y nos iremos con nada.

Debemos entonces ser humildes ante Dios y agradecerle cada día por todo lo que somos y lo que tenemos.

¿Y tú?, ¿por qué te sientes tan agradecido con Dios el día de hoy?

«El Señor sabe librar de la prueba a los que viven entregados a él, y sabe tener a los malos bajo castigo para el día del juicio».

2 Pedro 2:9
DHH

«Depositen en Él toda ansiedad, porque Él cuida de ustedes».

1 Pedro 5:7
NVI

«Jesucristo nunca cambia: es el mismo ayer, hoy y siempre».

Hebreos 13:8
TLA

«Un hombre inteligente domina su enojo; al no hacerle caso a la ofensa se agranda».

Proverbios 19:11
Biblia Católica (Latinoamericana)

«El SEÑOR levanta a quienes caen y sostiene a los que están angustiados».

Salmos 145:14
PDT

SEIS

LA COMPASIÓN

La compasión es un sentimiento humano que se manifiesta con el contacto y la comprensión del sufrimiento de otro.

Es más intensa que la empatía, es la percepción del sufrimiento de nuestros semejantes y el deseo de aliviar, reducir o eliminar por completo su situación dolorosa.

La acción compasiva nos hace sentir bien. Por ejemplo, cuando tú ves una persona desamparada y le das alimento y vestuario, es como una vacuna contra su angustia, que aumenta su esperanza y su capacidad de adaptación.

Una mañana, mientras caminaba por el centro de la ciudad de Nueva Orleans con dirección a mi trabajo, divisé a pocos metros de distancia un hombre discapacitado que, sudoroso y con dificultad, apenas lograba movilizar su silla de ruedas, me acerqué a él y observé que tenía mucho cansancio, así que me ofrecí ayudarlo a empujar su silla.

Lo empujé, aproximadamente, ocho cuadras hasta la terminal de transporte, allí abordó un autobús que lo llevaría a su casa.

El hecho de ser solidario, ayudando a esa persona, me hizo experimentar una gran sensación de felicidad y amor por el prójimo.

A continuación, compartiré una historia en la que el protagonista nos invita a ser personas más compasivas con los demás.

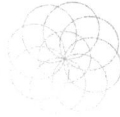

EL PODER DEL AMOR AL PRÓJIMO

Un rico viudo japonés decidió retirarse de la ciudad e irse a la parte más alta de una montaña, con vista al mar.

Construyó una hermosa mansión con grandiosas vistas hacia el horizonte y estaba muy feliz, rodeado de belleza y soledad.

Le gustaba contemplar la playa y observar a la gente disfrutando del sol y del agua.

En su soledad, descubrió un significado más profundo del amor.

De vez en cuando, descendía de la montaña y se mezclaba con la gente de la ciudad.

Sentía una preocupación especial por los ancianos y por los pobres, en diferentes ocasiones, ayudaba en silencio a las familias que tenían dificultades financieras. Él llegó a amar a esa comunidad.

Además de mirar a las personas disfrutando de la playa, pasaba muchas horas observando, a través de un poderoso telescopio, el movimiento de los animales marinos y de los barcos que por allí navegaban.

Un día, vio olas gigantescas que, posiblemente, fueran el resultado de un tsunami, entonces gritó frenéticamente a la gente en la playa.

Desafortunadamente, no pudieron escucharlo, así que, en su desesperación, incendió su hermosa mansión con la esperanza de que, al ver las llamas arder, las personas subieran por las empinadas colinas para ayudarlo, y así pudieran escapar de las gigantescas olas.

La gente en la playa vio las llamas propagarse por el techo de aquella mansión.

Alguien gritó a todos los que estaban en la playa:

«¡Subamos las empinadas colinas y ayudemos a nuestro amigo a apagar el fuego!». Muchos respondieron a esta llamada de auxilio, pero otros sólo dijeron:

«La estamos pasando muy bien aquí... Vayan ustedes y ayúdenlo».

Pronto las gigantescas olas llegaron a tierra y barrieron toda la playa hacia el mar, los que estaban allí se ahogaron, aquellos que fueron movidos por un acto de amor hacia el viudo, alcanzaron un terreno más alto y se salvaron de la furia de las olas.

El poder del amor es incalculable, no hay nada en este mundo que pueda más que el amor.

SIETE

LA EMPATÍA

La empatía es la capacidad de ponernos en el lugar de otra persona, de escucharla y comprenderla de manera sincera. Es una virtud que aumenta con la práctica y que resulta indispensable para una buena comunicación.

Vivir con empatía es algo sencillo, se trata de detenernos a pensar un poco en los demás y, en consecuencia, aprenderemos a actuar favorablemente en todas las circunstancias.

Por eso, debemos estar pendientes y cuidar los pequeños detalles que reafirman este valor en nuestra persona.

Procura sonreír siempre, esto genera un ambiente de confianza y cordialidad que deja a la persona sin posibilidad de una respuesta negativa, sorprendiéndola.

Considera como importantes primeramente los asuntos de los demás y después los propios.

Después de haber escuchado a la persona que se ha acercado a ti, seguramente, esa persona tendrá la capacidad de entender tu situación y tu estado de ánimo, por lo cual estará dispuesta ayudarte.

No hagas un juicio prematuro de las personas, eso te hace cambiar tu disposición interior hacia ellos. No pienses cosas como: «ya llegó este amargado», «otra vez con lo mismo», «no me deja tranquilo», «otro contratiempo». Si alguien se acerca a ti, es porque necesita con quien hablar… no lo desanimes.

Si no tienes tiempo o es un mal momento, exprésalo con cortesía y delicadeza, eso también es empatía y las personas se sentirán igualmente atendidas e importantes, pero no dejes pasar mucho tiempo para charlar con la persona.

Evita demostrar prisa, aburrimiento, cansancio, dar respuestas tajantes o distraerte en otras cosas; son faltas de respeto, demuestra autodominio e interés por las personas, aprende a escuchar.

No olvides infundir ánimo con palabras, una palmada en el hombro o un gesto amable, sobre todo si la persona tiene problemas, siempre levanta el ánimo.

En conclusión, la empatía es un valor muy importante para evolucionar en todos los aspectos de nuestra vida, sin esta sería muy difícil enriquecer nuestras relaciones interpersonales.

En este sentido, quien se preocupa por vivir con este valor, cultiva simultáneamente la confianza, la amistad, la comprensión, la generosidad, el respeto y la comunicación.

Sin embargo, no debemos olvidar que la modernidad y su ritmo de vida actual nos proporciona pocas oportunidades de servir y comprender a los demás, de conocerlos y de tratarlos como es debido.

La empatía es una herramienta necesaria para acercarnos y tornar nuestras relaciones más humanas, es una pieza fundamental que nos enriquece y nos identifica como mejores seres humanos.

En complemento a este capítulo, compartiré un precioso relato acerca del valor de la empatía.

LA VENTANA DEL HOSPITAL

Este cuento anónimo titulado *La ventana del hospital,* nos habla de cómo, con muy poco, se puede conseguir tanto de otras personas. De cómo, con imaginación, se puede encender la chispa de la ilusión y la vida.

Nos habla de bondad compasión y pensamiento positivo.

Nos habla de solidaridad y, sobre todo, de empatía.

Es un precioso cuento lleno de valores que deben tener las personas de todas las edades, que te llenará por dentro.

Dos hombres, ya mayores, compartían la habitación en un hospital. Los dos estaban muy enfermos, pero uno de ellos aún podía levantarse, de vez en cuando, para mirar por la ventana que estaba pegada a su cama. El otro anciano, sin embargo, estaba postrado en la cama y apenas tenía fuerzas para incorporarse.

Los dos se entretenían hablando, contándose mil historias de su pasado y su presente. Se hacían compañía y hablaban de sus vidas, de lo que hicieron y lo que dejaron de hacer, de sus sueños cumplidos y los que nunca llegaron a ver.

Pero el momento favorito de ambos en todo el día era, cuando el hombre que estaba en la ventana miraba por el cristal y le narraba a su compañero de cuarto todo lo que veía a través de ella:

«¡Hace un día estupendo! El parque se está llenando de niños que ríen muy felices, de parejas que llegan con las manos entrelazadas... Los sauces están frondosos y las mariposas revolotean entre las flores. ¡Ay, amigo, qué hermoso jardín tenemos ahí fuera!, tiene un estanque de aguas cristalinas y pájaros que se acercan tímidos a beber...».

Y mientras el hombre narraba lo que veía, su compañero cerraba los ojos e intentaba imaginar todo lo que escuchaba. Sonreía y sentía una gran paz y felicidad interior.

Cada día, su compañero narraba lo que veía, y él se hacía una idea de la imagen. Una tarde de verano, le contó que había una orquesta fuera y pasaban carrozas desfilando. ¡Qué bien se lo pasaban!

Y así, **los días parecían menos grises,** menos duros y más amables.

Hasta que, un día, o, mejor dicho, una mañana, la enfermera encontró el **cuerpo sin vida** del hombre junto a la ventana.

Todos sintieron mucho su pérdida, pero, sobre todo, su compañero de habitación.

Al cabo de unos días, pidió que lo trasladaran a la cama junto a la ventana. Quería ver todo aquello que su compañero le narraba con tanto entusiasmo. Los médicos accedieron a su deseo y, una vez en la cama, a pesar del dolor, se incorporó para mirar por la ventana.

Pero... ¿qué veían sus ojos?, ¿y el parque?, ¿dónde estaba el estanque?, ¿y los sauces? Para sorpresa suya la ventana sólo daba **a una pared blanca...**

Entonces, le preguntó a la enfermera:

«¿Por qué mi compañero narraba todas esas historias sobre un parque si no existe?» La enfermera lo miró compasiva:

Y le respondió que él era ciego, ni siquiera podía ver la pared.

Ella dijo: «Tal vez él sólo quería animarlo a usted».

REFLEXIONES SOBRE ESTE PRECIOSO RELATO

Poseemos una enorme capacidad de transformar a las personas que tenemos cerca, de hacerlos felices y de conseguir que sientan ganas de vivir.

Eso no cuesta mucho, más bien, poco.

Eso fue lo que hizo el protagonista de esta historia con sus narraciones imaginarias:

CONSEGUIR QUE EL OTRO FUERA FELIZ

Cada día el paciente de la ventana imaginaba para su compañero un mundo ideal, en el que la felicidad era realmente contagiosa.

No es que mintiera, sino que creaba para él una realidad diferente que alimentaba **su ilusión,** sus ganas de vivir, sus ganas de amar la vida.

Y es que la ilusión por aquello que no vemos, pero podemos imaginar y sentir es, a veces, el combustible que necesitamos para seguir luchando, **fe**

e ilusión en lo que no se ve: los niños viven de su imaginación y **son felices.**

A veces, es mejor ignorar aquello que nos angustia o que nos causa tristeza, es necesario transformarlo en algo que nos llene de esperanza, eso es imprescindible para seguir adelante.

Todos necesitamos algo que nos anime, que nos ayude a seguir amando la vida.

Todos buscamos aquello que nos llene de energía y vitalidad, que nos ayude a fortalecer un pensamiento positivo.

Porque sólo con positivismo se consigue la felicidad.

Nuestro protagonista sabía que los dos estaban mal, pero pensó que su compañero, además, tenía algo en contra: no podía levantarse.

Él podía ser su contacto con la realidad. Pero... ¿por qué no transformarla un poco? ¿Por qué no revestirla de algo realmente hermoso para que él pudiera sonreír cada día?

Imagínate que el hombre de la ventana hubiera sido realista y sincero, ¿qué le hubiera contado a su compañero?, que cada día sólo veía una triste pared blanca.

Ambos se hubieran deprimido ¿no crees? Lejos de eso, optó por imaginar un mundo ideal, que les permitiera a ambos ser felices durante el tiempo que les quedara, un mundo que, además, quiso compartir con su compañero para contagiarlo con su felicidad.

OCHO

EL SUFRIMIENTO TRAS EL RECHAZO

EL CONSEJO DE UN PADRE

¿Quién está exento de sufrir?

Nuestra vida está enmarcada por el sufrimiento, nadie está exento de él, en esta vida todos sufrimos de diferentes maneras, unos más y otros menos, sólo Dios sabe cómo nos toca a cada uno.

El sufrimiento es un padecimiento por algo material, físico, moral o espiritual, que lleva a una persona a sentirse triste, ansiosa y solitaria. Las personas que padecen un sufrimiento físico pueden sentirse incapaces de enfrentar la vida diaria, quizá por causa de una enfermedad.

El sufrimiento nos enseña que no podemos controlar nuestras circunstancias, pero sí la actitud que tomamos ante ellas... Dejar de sufrir pasa por conocernos a nosotros mismos y aprender a ser protagonistas de nuestras vidas, en vez de ser víctimas de nuestros pensamientos. Ahora compartiré una de las fases de mi vida en la que fui víctima del sufrimiento.

Hace un tiempo, construía mi vivienda en la ciudad de La Ceiba, situada en la costa norte de Honduras. La casa estaba siendo construida de acuerdo con un croquis estilo colonial, que su servidor diseñó. Al terminar la obra, era admirada por los vecinos y por la mayoría de las personas que la observaban.

El piso de la vivienda tenía una altura de, aproximadamente, un metro, detalle que la hacía ver como un diseño único. A primeras horas de la mañana, un grupo de constructores trabajaban arduamente preparando la estructura del techado.

En ese entonces, yo vivía con mi hermana Marieta, su casa se encontraba justo a la par de mi vivienda que aún estaba en proceso de construcción. Un día, llegó mi padre a visitarnos, Marieta nos preparó un suculento desayuno y mientras ingeríamos nuestro alimento charlábamos, intercambiando nuestras anécdotas relacionadas con temas del diario vivir, en la conversación mi padre me preguntó cómo marchaba la construcción de mi casa.

Ese fue el momento que aproveché para invitarlo a mirar la obra. Así que caminamos un poco más de treinta metros hasta ubicarnos frente a la edificación. Ambos contemplábamos extasiados la residencia. De pronto, mi padre interrumpió el silencio y me preguntó:

—Hijo, ¿con qué material vas a completar el techo de tu casa?

—Con asbesto papá, —respondí.

—¿Vas a ponerle asbesto a tu casa?, —preguntó mi padre nuevamente.

—Sí papá, —contesté—, ¿por qué?, el asbesto es un material muy fresco y, además, le dará una mejor apariencia a la casa, agregué.

—Hijo, —dijo mi padre—, un amigo mío tiene una casa recién construida en Trujillo (ciudad y municipio de Honduras), y hace apenas un mes que cambió el techo de asbesto que tenía su casa por uno de aluzinc, el primero se le deterioró y cuando llovía el agua se le filtraba por todas partes. Yo te aconsejo que le pongas aluzinc a tu casa, —dijo mi padre.

—No papá, —repliqué—, yo siempre he soñado tener una casa con techo de asbesto y no estoy dispuesto a desistir de ese sueño por ningún motivo.

Mi padre, al advertir mi actitud, con tristeza me dijo:

—Yo sólo trato de evitarte que pases un mal rato con tu casa —afirmó mi progenitor.

Entonces, enseguida le cambié el tema, haciendo caso omiso a la advertencia que con mucho amor mi padre me brindó. Dos años después de contraer nupcias matrimoniales habité la casa junto a mi esposa, ahí nacieron nuestros hijos y, además, albergamos a una sobrina, conformando una familia de siete miembros.

Nueve años después de construida la casa, la azotó un fuerte invierno, las lluvias no cesaban. De la noche a la mañana, apareció en el cielorraso una filtración de agua sobre el pasillo de acceso a las habitaciones, de pronto, se asomó otra gotera en el comedor, al siguiente día descubrimos otra filtración en los dos cuartos de los niños, así que poníamos recipientes para reciclar el agua que se filtraba a través de las grietas.

Cuando había oportunidad, me subía al techo a colocar parches en los agujeros que encontraba, pero al siguiente día surgían muchas más goteras de las que debía remendar. Una mañana, me subí al techo con la intención de reparar la mayor cantidad de grietas que fuera posible, descubrí un agujero de 2,5 cm de diámetro, pero, en esta ocasión, había una filtración muy particular. Me paré en un área en la que no había soporte, entonces no se filtró el agua, sino yo mismo, abrí un agujero de un metro de diámetro. Por obra de Dios, caí sobre el muro interior del cuarto. Como resultado del accidente tuve que cambiar toda la lámina para poder reparar el daño.

Me gustaría que este fuera el final de esta historia, pero es sólo el principio. Un día llegamos a un punto en el que el agua se filtraba resbalando por la pared, esto nos imposibilitó reciclarla e inundó el cuarto de los niños y llegó a subir cinco centímetros. Una noche, mientras llovía copiosamente dejé mi cama y fui a la habitación de mis hijos para ayudarlos a ir al baño. Al asomarme a la puerta del cuarto vi que varios de los artículos personales de mis pequeños flotaban; sandalias, zapatos y juguetes nadaban en el agua, sentí mucha tristeza ver a mis hijos introducir sus piececitos en la fría piscina de agua que se formó en su cuarto.

En ese momento vinieron a mi mente los recuerdos de mi padre, que me había aconsejado que no pusiera asbesto en el techo de mi casa y lo desestimé. Por más que me esforcé, no logré evitar que brotaran lágrimas de mis ojos al vivir y presenciar aquella tétrica escena. Así transcurrieron los días, semanas y meses. Además de las dificultades y el deterioro del techo, el flujo de trabajo en el área de soldadura, que era mi principal fuente de ingresos, había disminuido drásticamente, mis ahorros se agotaron en los gastos básicos del hogar.

Los escasos ingresos que adquiría los gastaba enseguida en el suministro de alimentos y gastos fijos de la casa, en cierto momento, llegué a sentirme impotente. Pero nunca perdí la fe, la esperanza y el amor en el Divino Creador del universo. A través de esta vivencia aprendí a no rechazar los buenos consejos que mi padre solía darme.

¿CÓMO SUPERÉ LA CRISIS?

Para superar la crisis mi primer paso fue postrarme ante Dios en profunda oración. En ese momento, surgió la idea de elaborar un plan, pediría un préstamo para obtener el dinero necesario para la reparación de la vivienda. Luego busqué un albañil y le pedí que me hiciera el presupuesto para cambiar el techo de la casa, le pedí que incluyera el gasto total, material y mano de obra.

Una vez que supe cuánto era el costo total para realizar el proyecto, solicité un préstamo en una cooperativa.

Cuando me aprobaron el crédito, mandé a quitar el deteriorado techo de asbesto y lo cambié por uno de aluzinc, tal como me había aconsejado mi padre.

Hoy por hoy disfruto el sonido que provoca la lluvia al caer sobre el techo de la casa.

En seguida, compartiré una bella reflexión que te guiará y te ayudará a crecer en este caminar por la vida

IMPOSIBLE ATRAVESAR LA VIDA

AUTOR ANÓNIMO

Uno crece

Imposible atravesar la vida...

sin que un trabajo salga mal hecho,

sin que una amistad cause decepción,

sin padecer algún quebranto de salud,

sin que un amor nos abandone,

sin que nadie de la familia fallezca,

sin equivocarse en un negocio.

Ese... Ese es el costo de la vida

Sin embargo, lo importante no es lo que suceda,

sino cómo se reacciona.

Si te pones a coleccionar heridas
eternamente sangrantes,

vivirás como un pájaro herido incapaz de
volver a volar.

Uno crece...

Uno crece cuando no hay vacío de esperanza,

ni debilitamiento de voluntad, ni pérdida de fe.

Uno crece cuando acepta la realidad

y tiene aplomo de vivirla.

Cuando acepta su destino,

pero tiene la voluntad para cambiarlo.

Uno crece asimilando lo que deja por detrás,

construyendo lo que tiene por delante y

proyectando lo que puede ser el porvenir.

Crece cuando supera, se valora y sabe dar frutos.

Uno crece cuando abre caminos dejando huellas,

asimila experiencias... ¡y siembra raíces!

Uno crece cuando se impone metas,

sin importarle comentarios negativos, ni prejuicios.

Cuando da ejemplos sin importarle burlas ni desdenes,

cuando cumple con su labor.

Uno crece cuando se es fuerte por carácter,

sostenido por formación, sensible por temperamento

¡y humano por nacimiento!

Uno crece cuando enfrenta el invierno,

aunque pierda las hojas,

recoge flores, aunque tengan espinas y

marca caminos, aunque se levante el polvo.

Uno crece cuando se es capaz de alcanzarse

con residuos de ilusiones,

capaz de perfumarse, con residuos de flores...

¡y de encenderse con residuos de amor!...

Uno crece ayudando a sus semejantes,

conociéndose a sí mismo y dándole

a la vida más de lo que recibe.

Uno crece cuando se planta para no retroceder.

Cuando se defiende como águila para no dejar
de volar.

Cuando se clava como ancla y se ilumina
como estrella.

Entonces... entonces es, **cuando uno crece.**

Uno crece cuando se entrega de

corazón a los propósitos de Dios...

Uno crece dejando que el Señor

le acompañe a lo largo de la vida.

NUEVE

LA GENTILEZA

La gentileza y la amabilidad son primordiales en las relaciones humanas de estos tiempos. A veces, nos sentimos tratados con indiferencia cuando visitamos ciertos establecimientos comerciales o instituciones estatales. Esto despertó mi interés sobre el tema de la gentileza, comencé a investigar y encontré un artículo alusivo al día internacional de la bondad que ahora comparto contigo.

El día mundial de la amabilidad nació el año 1977 en Tokio (Japón), lugar donde se impulsó la idea de dedicar este día a compartir positivismo y hacer felices a los demás. Este día se celebra en varios países, entre ellos Japón, Estados unidos, Canadá y México, y cada año se suman más países para celebrarlo.

Los actos de bondad o gentileza pueden ser diferentes para cada persona, el objetivo es poder ayudar a nuestros semejantes sin pedir nada a cambio.

El 13 de noviembre se celebra el día mundial de la gentileza o la amabilidad, conocido en el idioma inglés como «*World Kindness Day*». La idea es hacer un llamado para realizar actos de gentileza que contribuyan a la felicidad y el bienestar propio y el de los demás. Entre sus beneficios está facilitar las relaciones interpersonales. Ser amable también ayuda a desarrollar esa capacidad de autocontrol sobre los estados de ánimo. Además, hay estudios científicos hechos por investigadores de la Universidad de Michigan en 2003 que señalan que practicar la amabilidad prolonga la vida porque crea nuevas conexiones neuronales y estimula la producción de endorfinas, todo esto lleva a un incremento de la sensación de bienestar.

En seguida compartiré una lista de acciones que puedes hacer a partir de este día.

1. **Sonríe.** La sonrisa puede llenar espacios que las palabras, en ocasiones, no pueden llenar y transmite la sensación de compañía, de gusto por tener la oportunidad de compartir o identificarse con otros. Mientras que un niño puede sonreír cuatrocientas veces al día, uno de cada tres adultos sonríe más de veinte, y cerca del 50 % de la gente no le devuelve la sonrisa a un extraño. También podrías compartir tu mejor chiste. ¿Por qué no?

2. **Usa siempre palabras mágicas.** Úsalas con convencimiento, frente a conocidos y desconocidos. Esas que abren la mente y los corazones: por favor, gracias, perdón, con su permiso, a la orden, buen provecho.

3. **Practica la cortesía.** Junto con las palabras mágicas, saluda y despídete mirando a los ojos, responde las llamadas, no hagas esperar y sé puntual.

4. **Cede el puesto.** En la fila del supermercado, en la del cine, en el tráfico, en el transporte público, en la cafetería...

5. **Gasta algo de tu dinero en otros.** Ya sea que lo conozcas o no. Podría ser un dulce, una bebida, un recuerdo, un libro o pagar un peaje... Estudios serios han demostrado que invertir en los demás genera niveles de bienestar y satisfacción que se sostienen mucho más en el tiempo que cuando se gastan en uno mismo.

6. **Regala tiempo.** Haz una visita o comparte algo para expresar cariño o tan sólo para escuchar, visita o llama a un enfermo o a una persona solitaria.

7. **Practica la «apreciabilidad».** Este término se entiende como la habilidad de ver todo y seleccionar, deliberadamente, lo mejor y lo más apreciado. Según Laura Isanta cofundadora del Instituto del Bienestar con sede en Argentina, debes hacerte esta pregunta clave: ¿cómo quieres vivir tu vida: buscando lo mejor o lo peor de la gente?

8. **Sorprende.** Piensa en algo que favorezca a alguien y hazlo mañana. Además de la satisfacción que genere en la otra persona, toma nota de lo que pasa con tu estado de ánimo.

Por ejemplo, compartiré la manera cómo este servidor lo hizo.

Una mañana mientras estaba orando, vinieron a mi mente experiencias fuertes debidas a la escasez de recursos económicos por la que atravesé mientras trabajaba como mesero con mis amigos en tres de los mejores hoteles que se encuentran en la ciudad de La Ceiba en nuestro país de origen, Honduras. Habían transcurrido muchos años sin tener la oportunidad de comunicarme con mis colegas.

Se me ocurrió hacer una llamada de larga distancia a uno de los hoteles y le pedí a la recepcionista que me comunicara con uno de los colegas meseros que aún trabajaban en la empresa. En esa ocasión, era temporada de Navidad y, en nuestra cultura hispanoamericana, esta se celebra preparando y disfrutando de abundante cantidad y variedad de alimentos y bebidas.

Así que le pedí a mi amigo que me enviara una lista con los nombres de todos los excompañeros meseros que todavía trabajan en la empresa de hotelería donde este servidor laboró por varios años, le transferí una cantidad de dólares equivalente a dos días de mi trabajo y le pedí que lo distribuyera en partes equitativas entre todas las personas que estaban nombradas en la lista.

No es que este servidor sea millonario o que me sobre el dinero para regalarlo, pero cuando mis amigos respondieron agradeciendo mi gesto de bondad por el obsequio que les había dado, causaron en mí mucha emoción y placer, había puesto en práctica el manifestar el amor por mis semejantes.

Reza un proverbio: «No hay nadie tan pobre que no tenga nada que dar, ni hay nadie tan rico que no tenga algo que recibir».

DIEZ

LA GRACIA Y FILANTROPÍA DE WILL SMITH

¿Qué es la filantropía?

El término **filantropía** designa, en general, amor por la especie humana y por todo a lo que la humanidad respecta, se expresa en la ayuda desinteresada al prójimo o en una actitud de apoyo a través de donaciones, como ropa, comida y dinero que colabore en la solución de los problemas de los demás.

Compartiré un relato sobre el reconocido actor Will Smith.

Varios medios de comunicación manifestaron que en una ciudad del Estado de Luisiana no iba a haber espectáculo de juegos pirotécnicos el 4 de julio de 2021, como es costumbre en ese día para celebrar el Día de la Independencia de los Estados Unidos. Había problemas económicos que lo impedían. El filantrópico actor Will Smith se encontraba en ese momento en Nueva Orleans, trabajando en la película *Emancipación* y se enteró de la situación, así que sacó de su bolsillo la suma de cien mil dólares y los donó a la ciudad para que se realizara la celebración con los juegos pirotécnicos, como es usual celebrarlo, en el río Misisipi.

Will tuvo un buen gesto con sus vecinos temporales y no permitió que pasaran por alto, por segundo año consecutivo esta celebración debido a la falta de fondos, como ya había ocurrido en 2020 por la pandemia del COVID-19.

Los lugareños postearon sus fotografías en redes sociales y han mostrado su agradecimiento al filantrópico actor Will Smith. A continuación, te comparto esta reflexión.

DE TODOS MODOS

En algunas ocasiones las personas se comportan irrazonables, inconscientes y egoístas; perdónalos de todos modos...

Si eres bondadoso, te acusan de tener oscuros motivos egoístas; sé bondadoso de todos modos...

Si tienes éxito, te ganarás amigos falsos y enemigos verdaderos; ten éxito de todos modos...

Si eres franco y sincero, la gente puede engañarte; sé franco y sincero de todos modos...

Lo que te cuesta años construir, alguien podría destruirlo en una noche; construye de todos modos...

Si encuentras tranquilidad y felicidad, podrían envidiarte; sé feliz de todos modos...

El bien que hagas hoy, muchos lo habrán olvidado mañana; haz el bien de todos modos...

Da al mundo lo mejor que tienes, y quizás nunca sea suficiente; da al mundo lo mejor que tienes de todos modos...

ONCE

WILL SMITH EN NUEVA ORLEANS

Una fresca mañana del año 2017, mientras recorría el barrio francés en Nueva Orleans, Estados Unidos, con dirección al hotel Monteleone, me divertía viendo cómo la suave brisa mecía los arbustos y las preciosas flores de las jardineras que adornan los ventanales del hotel, generando un clima de paz y armonía. De pronto pisé un objeto que me indujo a ver hacia el suelo y descubrí que se trataba de un manojo de cables, alcé la mirada procurando ver su procedencia, y observé que salían de varios camiones que se encontraban estacionados a la orilla de la calle Iberville.

En cada camión figuraba un enorme rótulo con letras blancas que decía HOLLYWOOD.

El extremo opuesto de los cables llegaba a las instalaciones del hotel Monteleone.

El Monteleone es un hotel de cinco estrellas que, debido a sus leyendas, es muy importante en la historia de Nueva Orleans, fue nominado por la revista *City Business Places to Work* como un hotel que se distingue por su antigüedad, y por su valor histórico dentro de la ciudad.

Actualmente, muchos de sus empleados tienen muchos años de antigüedad laborando en la empresa, como la señora Katy, que tiene 50; el señor Al, 62; otros tienen 25, 30, y 40. El Hotel Monteleone ocupa un lugar especial en la cultura estadounidense.

Grandes legendarios de la literatura como Tennessee Williams, William Faulkner y otros famosos actores y actrices de Hollywood han cenado y bebido en sus instalaciones.

Allí mismo se han escrito libros y se han filmado varias películas.

Ingresé al hotel por la parte posterior y me dirigí hacia el vestidor de los empleados que se encuentra en el sótano del edificio, empecé a vestirme y de pronto escuché ruidos que provenían de la planta superior, eso aumentó mucho más mi curiosidad por saber cuál era el motivo de la algarabía.

Tan pronto me uniformé de mesero, me vi al espejo asegurándome de estar debidamente arreglado. Lucía un pantalón negro, camisa manga larga color blanco, corbata, zapatos y chaleco de color negro.

Al nivel del tórax, del lado izquierdo, prendía del chaleco una etiqueta con mi nombre en color dorado en la cual se podía leer Arles.

Luego me desplacé hasta el sitio en el que se encuentra el reloj de fichar, marqué la hora de entrada y enseguida me trasladé hacia el restaurante donde he trabajado como *back server* (ayudante de mesero).

A mi llegada al Criollo Restaurant, que se distingue por su amplia gastronomía, observé que la mayoría de mis compañeros estaban aglomerados cerca del bar. Me aproximé al grupo y escuché que entre risas y sonrisas hacían comentarios con respecto a los actores y actrices famosos que circulaban en el área del restaurante y el bar.

También, desde la entrada de acceso al hotel, había un gran número de camarógrafos de Hollywood que se movían enérgicamente en la primera planta del edificio. Gran cantidad de equipo cinematográfico se encontraba disperso por todos lados, estaban esparcidos desde la calle Royal hasta el interior del bar Carrusel.

El Carrusel Piano Bar y Salón es el único bar giratorio en Nueva Orleans que, por su atípica infraestructura, semejante a la de un circo, ha sido nombrado uno de los veinte mejores bares del mundo.

En efecto, ese movimiento de personas avivó mucho más mi curiosidad, de tal forma, que sutilmente indagué por qué había tanto ajetreo en el hotel.

Fue entonces que me enteré que estaban filmando escenas de la película *Viaje de chicas*.

La película era protagonizada por las actrices Regina Hall, Tiffany Haddish y Jada Pinkett, esposa del actor Will Smith.

El bar y el restaurante están divididos por una pared conformada por dos biombos pintados en color gris e instalados paralelamente con una separación de dos metros entre ambas piezas que, a la vez, sirve de acceso a los dos salones.

Entretanto, en el restaurante, algunos curiosos se diputaban las rendijas que había en la pared para espiar lo que acontecía en el bar, otros se desplazaban erráticos, procurando ver la mayor cantidad de actores y actrices que se encontraban en el hotel, eso generó un ambiente de mucha alegría.

De pronto, vi entre la multitud un personaje que resaltaba por su contextura atlética, me di cuenta de que se trataba del reconocido actor Will Smith.

Él, al ver mi gesto de asombro, se aproximó a mí y con una amplia sonrisa me extendió su mano estrechándola con la mía y me saludó.

Le respondí con reciprocidad y le pedí que se fotografiara conmigo. El actor, gustosamente, accedió a mi petición, así que le dije a uno de mis compañeros que nos tomara la foto, luego intenté agradecerle, pero ¡sorpresa! él se anticipó y con un modesto tono de voz, expresó estas palabras: «Gracias, gracias, mi hermano, gracias por fotografiarte conmigo».

Mi querido lector(a), ese acto de gentileza y amabilidad de Will Smith me hizo reflexionar acerca de las grandes cualidades que él posee como ser humano, predicando con el ejemplo me dio una lección esencial de lo que son los valores humanos.

Con su acto de humildad me mostró su conocimiento acerca de que todas las personas somos importantes en este mundo.

Desde entonces, me he enfocado en desarrollar mis virtudes humanas y, a la vez, ayudar a mis semejantes como lo estoy haciendo contigo a través de este libro que sostienes en tus manos.

DOCE

LA VERDADERA SABIDURÍA

La sabiduría se desarrolla aplicando la inteligencia en la propia experiencia, obteniendo conclusiones que nos den un mayor entendimiento y que a su vez nos capaciten para reflexionar y obtener el discernimiento que nos conduzca a conocer la verdad, y reconocer lo bueno y lo malo.

He escrito acerca de este tema, para que todas las personas que aman la auténtica sabiduría puedan llevar una vida mucho más acorde con la ley natural de Dios.

No es más sabio el que más sabe, sino el que más ama, porque el amor es precisamente el fruto de quien posee la auténtica sabiduría. Si en ti hay amor, entonces hay sabiduría. El apóstol Santiago en su carta en el capítulo tres nos habla de dos tipos de sabiduría y cada una tiene sus propios frutos. La sabiduría que no procede del cielo, sino del maligno, tiene tres características, es terrena, sensual y demoníaca, debemos darnos cuenta de que el espíritu de Satanás también puede otorgar sabiduría, para confundir y conducir a los hijos de Dios por caminos de seducción y por atractivos sensuales y terrenos de este mundo.

Pero la Biblia dice que la sabiduría que viene de Dios tiene otras características. Es una sabiduría pacífica, intachable, que llena de paciencia, de compasión, de misericordia, de amor fecundo y de piedad y que infunde en tu alma el santo temor a Dios, es decir, de respeto y amor hacia nuestro Padre Celestial sobre todas las cosas.

Al descubrir que hay dos tipos de sabiduría el Señor nos invita a definirnos, hay dos caminos y va a depender de ti el que tú quieras tomar. En la sabiduría terrenal hay implícita fornicación, impureza, desenfreno e idolatría, provoca en nosotros odio, discordias, resentimientos, divisiones, sectarismos, celos, envidia, codicia y avaricia. Además, esta también estimula el egoísmo, discusiones, borracheras, orgías y cosas semejantes, porque no procede de Dios. Si hay en ti algo de esto, date cuenta de que estás en el camino de la sabiduría equivocada.

El Señor en el Libro de Proverbios 1,7 nos dice que la auténtica sabiduría procede de Dios y únicamente los tontos desprecian la disciplina y la sabiduría que viene del cielo y conduce a la gloria.

Jesús es el que debe animar tus pensamientos, es la sabiduría del Padre encarnada, que anima a pronunciar palabras dulces, a que tus comportamientos sean amables y que tu forma de mirar, de escuchar y de conducirte en la vida sea noble.

La auténtica sabiduría proviene de Dios y se encuentra en una vida de oración. Un alma que entra en comunión con el amor de Dios cada mañana es una persona sabia. A continuación, compartiré una bella reflexión acerca de la sabiduría.

EL MAL NO EXISTE POR SÍ MISMO

Esta historia ocurrió en Alemania al inicio del siglo XX. Durante una conferencia con varios universitarios, un profesor de la universidad de Berlín propuso un desafío a los alumnos con la siguiente pregunta:

—¿Creó Dios todo lo que existe?

Un alumno respondió valientemente:

—Sí, el creó todo lo que existe, sí señor —respondió el joven.

El profesor, dijo:

—Si Dios creó todo lo que existe, ¡entonces Dios hizo el mal, ya que el mal existe! Y si decimos que nuestras obras son un reflejo de nosotros mismos, entonces, Dios es malo, porque él creó el mal.

El joven se calló ante aquella explicación del profesor que se regocijaba de haber probado, una vez más, que la fe era un mito.

Otro estudiante levantó la mano y dijo:

—¿Puedo hacerle una pregunta, profesor?

—Claro que sí, —fue la respuesta del profesor.

El joven se puso de pie y preguntó:

—Profesor, ¿el frío existe?

—Pero ¿qué pregunta es esa? lógico que existe, ¿o acaso nunca sentiste frío?, —le dijo el profesor.

El muchacho respondió:

—En realidad, señor, el frío no existe. Según las leyes de la física, lo que consideramos «frío», en verdad es la ausencia de calor. Todo cuerpo u objeto es factible de estudio cuando posee o transmite energía; el calor es lo que hace que un cuerpo tenga o transmita energía. El cero absoluto es la ausencia total de calor; todos los cuerpos quedan inertes, incapaces de reaccionar, pero el frío no existe. Nosotros creamos esa definición para describir de qué manera nos sentimos cuando no tenemos calor.

—Y, ¿existe la oscuridad?, —continuó el estudiante.

El profesor respondió:

—Existe.

El estudiante respondió:

—La oscuridad tampoco existe. La oscuridad, en realidad, es la ausencia de luz. La luz la podemos estudiar, ¡la oscuridad, no! A través del prisma de Nicol, se puede descomponer la luz blanca en sus varios colores, con sus diferentes longitudes de onda. ¡La oscuridad, no! ¿Cómo se puede saber que tan oscuro está un espacio determinado? Con base en la cantidad de luz presente en ese espacio, ¿no es así? La oscuridad es una definición utilizada por el hombre para describir qué ocurre cuando hay ausencia de luz.

Finalmente, el joven le preguntó al profesor:

—Señor, ¿existe el mal?

El profesor respondió:

—Por supuesto que existe, como lo mencioné al principio, vemos violaciones, crímenes y violencia en todo el mundo, esas son cosas del mal.

El estudiante respondió:

—El mal no existe, señor, o por lo menos no existe por sí mismo. El mal es simplemente la ausencia del bien... De conformidad con los anteriores casos, el mal es una definición que el hombre inventó para describir la ausencia de Dios. Él no creo el mal, este es el resultado de la ausencia de Dios en el corazón de los seres humanos. Es igual a lo que ocurre con el frío cuando no hay calor, o con la oscuridad cuando no hay luz.

El joven fue aplaudido de pie, y el profesor, moviendo la cabeza, permaneció en silencio...

El director de la universidad se dirigió al joven estudiante y le preguntó:

—¿Cuál es tu nombre?

El muchacho respondió:

—Me llamo ALBERT EINSTEIN.

TRECE

LA INDIFERENCIA FAMILIAR

La indiferencia familiar se presenta cuando uno de los cónyuges no se vincula afectivamente con el resto de la familia.

Esta actitud puede incluir maltrato físico, psicológico o de cualquier otro tipo.

Se considera que existe indiferencia familiar en un hogar, si hay una actitud de indiferencia repetitiva, no por un solo hecho aislado.

La víctima de indiferencia familiar puede ser cualquier persona considerada miembro de la familia del agresor o que haya convivido de alguna manera con él.

La indiferencia se asocia principalmente a la insensibilidad, el desapego o la frialdad del agresor. Generalmente, este no tiene capacidad de autocontrol y actúa como si sus emociones y sus sentimientos estuvieran anestesiados.

Como ilustración de esto compartiré una historia que, si reflexionas sobre ella, te ayudará a mejorar tu relación familiar.

ESTOY HARTO DE LA VIDA

MARIANO OSORIO

Estoy cansado de trabajar y de ver a la misma gente, camino a mi trabajo todos los días, llego a la casa y mi esposa sirvió lo mismo para cenar, que no me gustó mucho que digamos, pero tengo que comer la comida que no me gusta.

Voy a entrar al baño y mi hija de apenas año y medio no me deja porque quiere jugar conmigo, no entiende que estoy cansado y quiero entrar al baño. Después, tomo mi revista para leerla en mi sillón y mi hija nuevamente quiere jugar, y que la arrulle entre mis brazos, yo quiero leer mi revista y sale mi esposa con su...

«¿Qué tal me veo?, me arreglé para ti»; le digo que bien sin despegar los ojos de mi revista, para no variar, se enoja conmigo porque dice que no la comprendo y que nunca la escucho, no sé por qué se enoja si le pongo toda mi atención, es más, aun viendo la televisión. Claro que le pongo atención, bueno, siempre y cuando haya malos comerciales.

A veces, quisiera estar solo y no escuchar nada, yo sólo quiero descansar, suficientes problemas tengo en el trabajo para escuchar los de mi casa. Mi padre también me molesta algunas veces y entre clientes, esposa, hija, padre me vuelven loco, ¡quiero paz!

Lo único bueno es el sueño. Al cerrar mis ojos siento un gran alivio al olvidarme de todo y de todos, hasta que después...

—Hola, vengo por ti.

—¿Eh? ¿Quién eres tú? ¿Cómo entraste?

—Me manda Dios por ti, dice que escuchó tus quejas y tienes razón, es hora de descansar.

—Eso no es posible, para eso tendría que estar...

—Así es, sí lo estás, ya no te preocuparás por ver a la misma gente, ni por caminar, ni de aguantar a tu esposa con sus guisos, ni a tu pequeña hija que te moleste, es más, jamás escucharás los consejos de tu padre.

—Pero... ¿y qué va a pasar con todo, con mi trabajo?

—No te preocupes, en tu empresa ya contrataron a otra persona para ocupar tu puesto y, por cierto, está muy feliz porque no tenía trabajo.

—¿Y mi esposa y mi bebé?

—A tu esposa le fue dado un buen hombre que la quiere, respeta y admira por las cualidades que tú nunca observaste en ella, y acepta con gusto toda su comida sin reclamarle nada, porque, gracias a Dios y a ella, tiene algo que llevarse a la boca todos los días, a diferencia de otras personas que no tienen nada que comer y pasan hambre hasta por meses y, además, se preocupa por tu hija y la quiere como si fuera de él y, por muy cansado que siempre llegue del trabajo, le dedica tiempo para jugar con ella, son muy felices.

—No, no puede ser... ¡No! ¡No! ¡No puedo estar muerto!

—Lo siento, la decisión ya fue tomada.

—Pero... eso significa que jamás volveré a besar la carita de mi bebé, ni a decirle «te amo» a mi esposa, ya no veré a mis amigos para decirles lo mucho que los aprecio ni darle un abrazo a mi padre. Ya no volveré a vivir, ya no existiré más. Me enterrarán en el panteón y ahí se quedará mi cuerpo cubierto de tierra. Nunca más volveré a escuchar las palabras que me decían: «¡Ey! ¡amigo!, eres el mejor», «hijo mío, estoy orgulloso de ti», «cuanto amo a mi esposo», o «papito, te quiero mucho...».

—No, no, no, ¡No quiero morir!, ¡quiero vivir!, ¡envejecer junto a mi esposa!, ¡no quiero morir todavía!

—Pero lo que querías, ¡descansar! Ahora ya tienes tu descanso eterno, duerme... para siempre...

—No, no, no, no, ¡no quiero!, Dios, por favor, ¡Dios! ¡No!, ¡por favor!

—¡Ey!, ¡Ey!, ¿qué te pasa amor? Tienes una pesadilla —dijo mi esposa despertándome de ese horrible sueño.

—No, no fue una pesadilla mi amor, fue otra oportunidad para disfrutar de ti, de mi bebé, de mi familia, de todo lo que Dios creó. ¿Sabes?, estando muerto ya nada puedes hacer, y estando vivo puedes disfrutarlo todo.

CATORCE

EL PERDÓN

El perdón es una decisión y también un proceso, no es algo instantáneo. Para perdonar debemos luchar para vencer nuestra soberbia, nuestro propio orgullo y nuestro miedo a perdonar a las personas, no sus acciones.

Debemos estar conscientes de que el acto de perdonar no significa negar la realidad. No debemos permitir que se nos maltrate o se nos lastime física o mentalmente, debemos poner límites. Podemos perdonar y alejarnos de aquellos que nos llevan por el mal camino y orar por ellos.

Perdonar a nuestros amigos tiene un gran mérito, pero perdonar a nuestros enemigos tiene un mérito aún mayor y un beneficio mucho más grande para nosotros mismos, para nuestra salud y, sobre todo, para nuestro bien espiritual. A continuación, te expongo una reflexión acerca del perdón.

SANACIÓN A TRAVÉS DEL PERDÓN

Una señora buscaba con mucho interés al sacerdote de la parroquia para desahogarse y pedirle consejo. La señora se sentía mal, de cuerpo y alma. Tenía una úlcera en el estómago y mucho miedo de operarse.

Al encontrar al sacerdote le preguntó:

—Padre ¿usted cree que si ofrezco un rezo o alguna penitencia mi úlcera pueda sanarse sin tener que operarme?

El sacerdote le respondió con otra pregunta:

—Señora, ¿hay alguien a quien usted odie?

La señora respondió:

—Sí padre, pero es un odio totalmente justificado y no pienso perdonar a esa persona. Tengo toda la razón para odiarla, me ofendió mucho.

El sacerdote entonces le dijo:

—Una vez Jesús enseñaba que no tiene ningún mérito hacer el bien a los que nos hacen bien, porque cualquier persona hace eso. La verdadera nobleza de alma consiste en pagar con bien a aquellos que nos hacen mal. Eso aplica en este caso. No se trata de que el odio sea justificado o no, si usted tiene razones, entonces, mayores serán los méritos de perdonar. En caso contrario, hacer oraciones u ofrecer sacrificios dudo que sirva para aliviar su úlcera.

La mujer se quedó pensativa, después rezaron juntos y la mujer se marchó.

Al llegar a casa, le contó lo que sucedió a su marido, este le pidió también que perdonara a aquella persona que la había ofendido, ella se resistía, pero el insistió: «Vamos a orar para que puedas perdonar». A mitad de la oración ella se rindió y en seguida le sobrevino una calma y una paz muy grande. La mujer siguió orando diariamente.

Unas semanas después la mujer fue al hospital para hacerse unos nuevos análisis y fijar la fecha de la operación, si es que aún era necesario. El médico le dijo que la úlcera había desaparecido inexplicablemente. El padecimiento de esta mujer había sido ocasionado por el odio a otra persona. Habiendo desaparecido el odio, la enfermedad también desapareció.

EL PAPA JUAN PABLO II
PERDONA A SU AGRESOR

A las 5:17 p. m. del 13 de mayo de 1981, Juan Pablo II acababa de devolverle una niña a sus padres después de haberla abrazado y bendecido durante la audiencia frente a unos treinta mil fieles en la plaza San Pedro ubicada en el corazón de la Ciudad del Vaticano. Mehmet Ali Ağca, un joven turco de veintitrés años disparó en cuatro ocasiones contra la humanidad del papa a menos de tres metros de distancia con una pistola semiautomática calibre nueve milímetros, dejándolo gravemente herido.

En 1983 el papa visitó la prisión donde cumple condena perpetua el que pudo haber sido su asesino. El pontífice miró a los ojos a Mehmet, y este le tomó la mano y la besó. Juan Pablo II se sentó y habló con él durante un largo rato.

El Papa le regaló un rosario y tras su charla le aseguró, que las «cosas sobre las que conversaron se mantendrían en secreto entre ambos, hablaron como dos hermanos y lo perdonó dándole toda su confianza».

Años más tarde el papa estaba grave de muerte y cuando la noticia llegó a Turquía el abogado de Mehmet afirmó que su cliente «está muy triste. Piensa en su hermano, el papa, y reza por él».

El 2 de abril de 2005 muere Juan Pablo II, cinco años más tarde Mehmet es indultado, y en 2014 acude a la plaza de San Pedro por segunda vez en su vida. Pero esta vez no lleva armas. Esta vez llevó dos docenas de rosas blancas y las depositó sobre la tumba de Juan Pablo II.

La policía lo detiene para interrogarlo y Mehmet simplemente dice: «Sentía la necesidad de realizar este gesto».

Así, Dios hace de un atentado la historia de perdón más bonita del mundo.

QUINCE

LA INDULGENCIA

En cierta ocasión, leí un libro de Robert Kiyosaki en el que el autor nos relata su experiencia de amar y perdonar al enemigo.

Robert Kiyosaki es un empresario, inversor, escritor, conferencista y orador motivacional estadounidense, de ascendencia japonesa.

Es el fundador, consejero, delegado y accionista mayoritario de Cashflow Technologies Corporation, poseedora de la licencia de la marca *Padre rico, padre pobre*. Robert nos comparte una fracción de su vida espiritual y, a la vez, nos brinda algunos ejemplos que nos ayudan a desarrollar nuestro carácter. Además, nos manifiesta la importancia de perdonar y amar al prójimo.

EN LAS TRINCHERAS NO HAY ATEOS

En Vietnam, la noche previa de cada misión, iba solo a la proa del portaviones y me sentaba ahí en silencio.

Me quedaba una hora en calma y escuchaba la colosal proa cortando las olas.

Era muy relajante permanecer en silencio mientras el buque ascendía y descendía en armonía con el oleaje del mar.

Ahí meditaba, me convertía en el espíritu de Dios y oraba unos minutos por mi tripulación.

Cuando volábamos lo hacíamos con coraje y amor y nos convertíamos en uno solo. Así mismo, antes de cada misión, recordaba el deseo de mi madre de que visitara la iglesia, y comprendí lo importante que era para ella.

Un día, hicimos una evacuación médica de emergencia.

Un joven marino pisó una mina personal y lo llevamos en helicóptero al hospital.

Había perdido la pierna, tenía una fuerte hemorragia y no dejaba de llamar a gritos a su madre mientras la vida lo abandonaba.

Poco antes de llegar al hospital dejó de llamarla y todos lloramos cuando los médicos sacaron su cuerpo sin vida del helicóptero.

Salí a dar un paseo y encontré un lugar privado donde pude agradecerle a mi mamá, quien había fallecido dos años antes, cuando yo todavía estudiaba en la escuela de vuelo en Florida.

Todas las noches previas a una misión, me sentaba en la proa del portaviones y la incluía en mis pensamientos y mis oraciones.

A la mañana siguiente, volaba con ella en mi corazón. Un mes después, estando en la base en un campo remoto, descubrí a varios chicos plantando sacos con cargas explosivas en nuestra nave. Inmediatamente, los relacioné con el Viet Cong porque ya no eran niños, ahora eran el enemigo.

De inmediato tomé a uno de ellos, le apunté a la cabeza y le dije a los otros que se alejaran del helicóptero, el chico me pateó y me mordió para tratar de escapar, pero yo bajé el martillo de mi arma.

Estaba preparado para matarlo, pero de repente escuché a mi madre suplicarme: «Por favor, por favor, no lo mates yo no te di la vida para que tú tomes la del hijo de otra madre».

Hice una pausa y me di cuenta de que debía escuchar a mi mamá, antes de hacer algo que pudiera dejar una cicatriz en mi alma. Entonces, desgatillé la pistola.

Continué sujetando al chico con una mano, pero con la otra recogí un balón de futbol y le hice una señal a los otros para invitarlos a jugar conmigo, nos tomó un rato, pero después volvimos hacer uno solo y pude jugar con ellos en lugar de que nos matáramos entre todos.

Esa noche, mientras volaba de regreso al portaviones, me di cuenta de que mi carrera como marino había llegado a su fin.

«FALSO»
ROBERT T. KIYOSAKI

DEL PERDÓN AL AMOR

Podemos pensar, equivocadamente, que aquel a quien vamos a perdonar debe estar agradecido con nosotros por hacerlo y rendir honores. **Pero recuerda que perdonar es una decisión y un proceso cuyo premio es la libertad del alma.**

Para perdonar más fácilmente debemos dejar de enfocarnos en los defectos de los demás. Debemos esforzarnos y tratar de ver sus virtudes, por muy difícil que nos resulte. El hecho de perdonar te hará crecer a ti como persona, reforzará tus valores y tu amor.

La oración es una gran herramienta que ayuda mucho si estamos inmersos en el proceso de perdonar a alguien.

DIECISÉIS

CONDESCENDENCIA

L a condescendencia es una cualidad humana que expresa bondad. Es una actitud que pueden adoptar los individuos para complacer el gusto, preferencias o voluntad de otras personas. En sentido negativo puede tratarse de una amabilidad fingida que nace de un sentimiento de superioridad hacia otra persona. Lo que leerás a continuación, te hará reflexionar acerca del comportamiento de los seres humanos.

Y DIJIMOS QUE ESTABA BIEN...

En una entrevista en el programa *The early show*, Jane Clayson, le preguntó a la conferencista y autora, Ana Graham: «¿Cómo pudo Dios permitir que sucediera esto?», refiriéndose a los ataques del 11 de septiembre.

Ana Graham dio una respuesta sumamente profunda y llena de sabiduría.

Al igual que nosotros, creo que Dios está profundamente triste por este suceso, pero durante años hemos estado diciéndole a Él que salga de nuestras escuelas, de nuestros gobiernos y de nuestras vidas.

¿Cómo podemos esperar que Dios nos dé su bendición y su protección cuando le hemos exigido que no se meta en nuestra vida? Creo que todo comenzó cuando Madalyn Murray O'Hair, una reconocida promotora del ateísmo en Estados Unidos, se quejó porque no quería que se rezara en nuestras escuelas y dijimos que estaba bien.

Madalyn fue asesinada el 29 de septiembre del año 1995 en San Antonio, Texas.

Luego alguien dijo que era mejor que no se leyera la Biblia en las escuelas, aunque esta nos habla de no matar, no robar, de amar a nuestro prójimo...

Y dijimos que estaba bien.

Luego el doctor Benjamin Spock dijo que no debíamos pegarles a nuestros hijos cuando se portan mal, porque sus pequeñas personalidades se truncarían y podríamos lastimar su autoestima...

Y dijimos que estaba bien.

Suponemos que los expertos deben saber lo que están diciendo...

Pero el hijo del Dr. Spock se suicidó.

Luego alguien dijo que los maestros y directores de los colegios no deberían disciplinar a nuestros hijos cuando se portan mal...

Ellos también dijeron que más valía que ningún miembro de la escuela tocara a ningún estudiante que se portara mal porque no querían publicidad negativa y por supuesto no querían que nadie los demandara.

(Hay una gran diferencia entre disciplinar, tocar, golpear, abofetear, humillar, etc.).

Y dijimos que estaba bien.

Luego alguien dijo que dejáramos que nuestras hijas abortaran si querían y, como es un asunto delicado, sería menos conflictivo si no necesitaran tener la autorización de sus padres...

Y dijimos que estaba bien.

Luego uno de los consejeros de las escuelas dijo, que, ya que los jóvenes siempre van a hacer cosas de jóvenes y de todos modos las van a hacer, entonces debemos darle todos los preservativos que quieran para que puedan divertirse y experimentar sin correr el riesgo de contraer enfermedades o tener que enfrentarse a embarazos no deseados y que le llamáramos a eso educación sexual.

Y dijimos que estaba bien.

Luego algunos de nuestros funcionarios públicos dijeron que no importaba lo que se haga en la vida privada, siempre que se cumpla con el trabajo.

No debe importarnos lo que la gente haga en su vida privada, incluyendo al presidente, mientras tengamos trabajo y la economía camine bien.

Y dijimos que estaba bien.

Y luego alguien llevó más allá esa apreciación y publicó fotografías de niños desnudos en revistas e Internet, pues todos tenemos derecho a la libertad de expresión.

Entonces la industria del ocio y el entretenimiento promovió eso e hizo programas de televisión y películas que fomentan lo profano, la violencia y el sexo de todo tipo.

Y dijimos que estaba bien.

Grabemos música que incite a la violencia, al sexo, a las drogas, al suicidio y temas satánicos...

Y dijimos que estaba bien.

Y ahora nos preguntamos...

¿Por qué nuestros niños no tienen conciencia?

¿Por qué no saben distinguir entre el bien y el mal?

¿Por qué no les preocupa matar a personas desconocidas, pero también a sus compañeros de escuela o a ellos mismos?

Probablemente, si lo pensamos bien, encontraremos la respuesta.

«Recogemos lo que sembramos».

Es curioso, ver cómo las personas van detrás de las cosas negativas que hay en este mundo simplemente por seguir una moda y luego se preguntan por qué el mundo está sumido en un proceso de destrucción...

Es curioso ver cómo creemos lo que dicen los periódicos, pero, cuestionamos lo que dice la Biblia...

Es curioso, ¿por qué la palabra de Dios se suprime en las escuelas, en los espacios de trabajo y a veces hasta en el hogar?

DIECISIETE

LOS VALORES HUMANOS

Después de analizar y reflexionar acerca del tema anterior, nació en mí un ardiente deseo de aportar mi granito de arena al bienestar de la humanidad y reconquistar todas aquellas virtudes humanas que, paulatinamente, hemos perdido.

Esta situación me motivó a investigar sobre el asunto. Como resultado de esa búsqueda, encontré un artículo audiovisual, en el que el teólogo de nacionalidad mexicana, Pepe González, hace una exposición acerca de **los valores humanos.** Decidí que sería valioso compartirlo contigo a través de este escrito, para que los hagas tuyos, vivas de acuerdo con ellos y los compartas con otros.

Los valores humanos son aquellos aspectos positivos que nos permiten convivir con los demás de un modo justo con el fin de alcanzar un beneficio global como sociedad.

Existen cuatro grupos de valores humanos que nos conducen a experimentar una vida plena, hablaré de cada uno de ellos a continuación.

VALORES VITALES O BIOLÓGICOS

Estos nos ayudan a preservar la vida y nos conducen hacia la plenitud, hacia la madurez. Su escala en importancia la describiremos de menor a mayor relevancia, es decir, empezaremos con los menos importantes hasta llegar a los más trascendentes, porque la vida se trata de ir trascendiendo. De modo que, primero encontramos la salud, pero también la alimentación. Hay gente que no cuida su salud ni su alimentación, comen pura «comida chatarra» y esto, a la larga, les trae consecuencias más o menos graves. También se incluye la higiene, por ejemplo, bañarse todos los días, cepillarse los dientes al levantarse, después de cada comida y por la noche antes de irse a dormir, usar desodorante, etc. Además, debes mantener el lugar en el que vives limpio y ordenado, como decía uno de los primeros pensadores cristianos San Agustín Hipona:

«Guarda el orden, y el orden te guardará a ti».

Dios nos quiere sanos, bien alimentados y limpios. La higiene es muy importante, así como el vernos presentables, y también lo es la autoestima. Una persona que no se quiere a sí misma, que no cuida su salud, ni su alimentación, está descuidada, no se lava los dientes, tiene mal aliento o anda con el cabello sucio, demuestra las señales de que no aprecia estos valores vitales. Y un individuo que no se ama, no puede darle a los demás algo que no tiene para sí mismo. En la medida en que tú te valores, valorarás a los demás. Ahora, pregúntate ¿cómo están tus valores vitales o biológicos? A estos ni siquiera podemos llamarlos valores humanos ya que los compartimos con los animales. Ellos también cuidan su salud, su alimentación, ellos no matan por matar, cazan para sobrevivir y también cuidan de su higiene, yo mismo he presenciado algunos cuadrúpedos asear a sus crías con lengüetazos, y cada animal tiene su manera de hacerlo según su especie. Quizás has visto documentales relacionados con la vida animal, en estos podemos ver cómo ellos protegen a sus crías de los depredadores, entonces es inconcebible ver que los humanos hacen todo lo contrario, hay madres que asesinan sus hijos, individuos que matan por dinero y otros matan por puro placer. Es lamentable pensar que los animales, siendo irracionales, puedan estar superando al hombre en cuanto al comportamiento.

VALORES HUMANOS O CULTURALES

Los valores humanos o culturales son aquellas virtudes positivas que nos permiten convivir organizadamente con otras personas pudiendo disfrutar del bienestar común como sociedad. Entre ellos podemos encontrar el estudio, tu profesión, un posgrado, un doctorado, una maestría, etc. También podemos incluir otros logros intelectuales como el arte, la pintura, la buena música, el aprender un idioma o a tocar instrumentos musicales, tomar un curso de computación, de cocina o de manejo, o un taller que enseñe a manejar las emociones, todos estos podemos enmarcarlos dentro de lo que son los valores culturales.

Tomar un curso para entender la Biblia eleva nuestro conocimiento y engrandece nuestro espíritu, también asistir a conferencias relativas a estos temas o a un retiro. Todos son valores humanos que suman a nuestra formación académica y nuestra trascendencia, que nos ayudan a crecer y no degradarnos y a fomentar el hábito por la buena lectura.

Si puedes haz viajes y visita diversos países, viajar te permite aprender sin libros, en ellos descubres culturas, tradiciones, gastronomía, formas de pensar, formas de vestir, todo eso es enriquecedor y son valores humanos o culturales. Por eso, enviamos a nuestros hijos a la escuela, o a diferentes cursos, queremos que ellos crezcan teniendo valores humanos, es parte de su formación.

Estos son sólo unos ejemplos, pero esta lista de valores puede seguir creciendo.

Hay gente que no tiene cultura, han tenido la oportunidad y no la han valorado, no seas tú uno de ellos.

VALORES MORALES

Se conoce como valores morales el conjunto de normas y costumbres que son transmitidas por la sociedad al individuo y que representan la forma buena y correcta de actuar. En este sentido, los valores morales nos permiten diferenciar entre lo bueno y lo malo, lo correcto y lo incorrecto, lo justo y lo injusto.

Los valores morales deben ser inculcados desde la infancia por los padres o las figuras de autoridad, luego, en la etapa escolar, deben ser reforzados por los maestros o profesores.

Muchos de ellos están determinados por la religión que practicamos y otros están tan arraigados en nuestras sociedades que la violación de uno o de varios de ellos puede acarrear sanciones legales.

Algunos ejemplos de valores morales pueden ser: honestidad, respeto, gratitud, lealtad, tolerancia, solidaridad, generosidad, amistad, bondad, humildad, pureza, justicia, prudencia, responsabilidad, saber perdonar, en fin, es difícil enumerarlos todos.

Existen, también, ciertas escalas jerárquicas entre los valores morales que, en medio de un conflicto, nos obligan a priorizar unos sobre otros. Por ejemplo, alguien puede ser abogado, pero corrupto ¿de qué sirve?, puede ser doctor, pero sin ética ¿de qué sirve? ¿De qué sirven un montón de valores culturales?, si se es un mentiroso o un fraudulento, ¿de qué sirve tener las paredes de una oficina cargadas de diplomas, de posgrados y maestrías si se vive en la impureza, robando, si no se es ético, o no se respeta a nadie?

Se pueden tener un montón de logros intelectuales, pero si no están respaldados por valores morales se traducen en un decadente estado a nivel social. Los valores morales son los que nos hacen trascender, pero muchas personas se quedan estancadas en los valores vitales y culturales, no son éticas. Ahora pregúntate ¿cómo están tus valores biológicos, humanos y morales?

VALORES ESPIRITUALES

Se denominan valores espirituales a los principios o virtudes que puedan crear una estrecha relación entre el hombre y Dios, favoreciendo el crecimiento personal del mismo, estos se manifiestan en la personalidad de cada individuo y en todos los aspectos de su vida, como hombre, esposo, cabeza del hogar, trabajador, entre otros.

Es decir, la persona que vive según valores espirituales toma más en cuenta las cosas no materiales en su vida, dándoles mayor valor, saben que, de igual manera que los materiales, son de gran importancia en el cotidiano vivir, y para encontrar el porqué de las situaciones que se presentan en la vida humana. Además, afianzan la fe y refuerzan una creencia religiosa, provocando que la persona se aleje del plano terrenal y se acerque al divino y sobrenatural.

Entre los valores espirituales que se encuentran escritos en el Antiguo y Nuevo Testamento están:

La caridad: no es más que un sentimiento de compasión hacia una persona, sentir su dolor como propio, vivir sus penas y anhelar la solución a sus problemas como si se estuviera viviendo en carne propia, pero lo más importante es buscar ayudar sin esperar nada a cambio, es decir, ser caritativo consiste en sensibilizarse con el prójimo y ayudarlo para solventar sus problemas sin esperar agradecimientos ni remuneraciones a cambio.

¿Qué es la esperanza?: la esperanza es un estado de ánimo optimista en el cual aquello que deseamos nos parece posible. En este sentido, la esperanza supone tener expectativas positivas relacionadas con aquello que es favorable y que corresponde a nuestros deseos.

La esperanza es lo contrario a la desesperanza y, como tal, muchas veces sirve como un pretexto moral para no caer en el desaliento, para no perder la serenidad ni abandonar aquello que se anhela alcanzar. De allí que la esperanza alimente positivamente nuestras aspiraciones. Del mismo modo, desde un punto de vista negativo, la esperanza se puede asociar con la idea vana de lograr cosas o realizar nuestros deseos dejándolo todo a la espera y olvidando la acción, como si pudiéramos conseguir nuestros objetivos sin intervenir en su concreción.

LA FE

¿Qué es la fe? Es una virtud de la cual todos los seres humanos estamos dotados, pero que se clasifica en tres niveles que ahora mismo compartiré contigo. Muchas personas no saben esto, es por eso por lo que me dispuse a escribir sobre este tema. Existen tres niveles de fe, y son los siguientes.

Fe natural o humana, **fe teologal o** doctrinal, **fe expectante u** obrante.

FE NATURAL O HUMANA

La fe natural es la que tenemos todos los seres humanos que habitamos la tierra en las diferentes religiones, razas e incluso los escépticos. Esta es la fe que nos permite confiar unos en otros, en los negocios, en los convenios entre pueblos, entre gobiernos, entre dignatarios. El niño recién nacido confía en su padre y en su madre, sabe quién es su padre y su madre, es una actitud que nos hace creer y confiar los unos en los otros, pero esta no es suficiente tenemos que avanzar al siguiente nivel de fe.

FE TEOLOGAL O DOCTRINAL

La fe teologal es la fe natural ya formada, es decir, una fe adoctrinada, por ejemplo ¿crees que la Biblia es la palabra de Dios? Eso se llama fe teologal ¿crees en los sacramentos, en la Iglesia, en el catecismo? Eso es fe teologal, cuando miras en la televisión programas religiosos estás alimentando tu fe teologal.

La mayoría de nosotros estamos en los dos primeros niveles, la fe natural y la teologal, pero hay otro nivel de fe, me refiero a la fe expectante.

FE EXPECTANTE U OBRANTE

La fe expectante es la que hace que las cosas sucedan, es una que se traduce en obras de amor y misericordia puestas al servicio de los demás, es la creencia de que Dios, verdaderamente, existe y que se encuentra a nuestra disposición para ayudarnos a solucionar los problemas que se nos presentan a diario. Es una forma de apaciguar nuestras angustias, desesperos e inquietudes, ya que al tener fe en Dios los humanos creemos que él nos ayudará llenándonos de esperanza.

DEGRADACIÓN DE LOS VALORES HUMANOS

La degradación de los valores es un fenómeno social que, lamentablemente, resalta en la actualidad que se está viviendo en el mundo. Algunas personas están buscando alcanzar sus metas, objetivos y éxitos y para ello son capaces de hacer lo que sea, incluso pasar por encima de otras personas, hacer trampa y romper su propia ética y dignidad con tal de lograr su propósito.

También podemos observar que las personas en la actualidad piensan en sí mismas, no piensan en los demás, ni siquiera en las personas más cercanas a ellos, muchas veces, no se interesan en su propia familia o pareja, este fenómeno de degradación de los valores humanos ha hecho que la gente sea sumamente egoísta y sólo se interesen en lograr sus objetivos.

En la actualidad las mujeres no necesitan de un hombre, ya no lo ven tan importante en sus vidas, por lo que, muchas veces, no se casan, sino que viven libres sin preocuparse por nadie, no se atan a la obligación de formar un hogar para criar hijos y cuidar de ellos. Y en el caso de los hombres se ha visto que estos denigran a la mujer y no piensan en el daño que les pueden causar engañándolas o jugando con sus sentimientos.

Estos dos aspectos, las mujeres pensando sólo en ellas y los hombres hiriendo los sentimientos de las mujeres, ha provocado que las relaciones de hoy en día no duren y que la sociedad se vea inmersa en un individualismo en el que predomina la satisfacción personal sobre la vida de los demás, no se piensa en la comunidad ni cómo contribuir con esta, sólo se piensa en ganar.

Una persona que no cultiva sus valores morales y espirituales va degradando su vida y cae inmediatamente en el **materialismo,** la ambición, la codicia, la malicia y en el acumular cosas materiales, esa persona a la larga pierde los valores y en su vida no prevalece la generosidad. El materialismo conduce al **hedonismo.** La búsqueda del placer, el practicar la ley del mínimo esfuerzo, vivir lleno de lujos vuelve a la persona consumista y despilfarradora, y el materialismo y el hedonismo conducen al **relativismo.** Eso es lo que vivimos hoy, tenemos una cultura materialista, hedonista y relativista.

¿Qué es el relativismo? Ya no hay verdades absolutas, cada uno tiene su verdad y su propio criterio, ya nada es pecado, es cuestión de enfoque. Algunos se jactan y dicen que tienen una mente holística, que van a la vanguardia, que son avanzados, lo que para unos es pecado, para ellos no, creen que están libres de esas cosas. Para ellos, Dios no existe, no hay cielo y no hay infierno, son inventos de la iglesia, los sacramentos son para manipular, la Biblia es un simple libro de historia, no es la palabra de Dios y en la eucaristía no está Jesús, es más manipulación de los sacerdotes.

¿Confesarse con un hombre que es como cualquier otro?, ¿para qué? Dios no existe, ni el diablo, ni los santos, son puras utopías, puras teorías para infundir miedo y manipular, cada uno que crea lo que quiera, cada uno tiene su verdad. ¿Los mandamientos?, ¿cuáles mandamientos? Tú creas tu propia realidad, tu propio Dios, tus propios mandamientos, que nadie te diga qué está bien o qué está mal, todo es relativo. El relativismo te lleva a un cuarto nivel de degradación y es, el permisivismo.

EL PERMISIVISMO

¿Qué es el permisivismo? Es mostrar flexibilidad a la hora de establecer límites o de ejercer autoridad. Quien es permisivo muestra tolerancia ante la transgresión de normas o, al menos, está abierto al intercambio de opiniones y de razones antes de tomar una decisión.

Si una maestra anuncia la fecha de un examen y, tras las súplicas de sus alumnos, decide postergarlo unos días, podría decirse que es una persona permisiva.

Por otra parte, un padre será calificado como permisivo cuando permite que su hijo realice ciertas actividades o actúe de determinada forma que, para otros padres, pudiera ser motivo de censura o reprobación. Un padre permisivo, por ejemplo, permitiría que su hijo adolescente se movilice solo por la calle, incluso por la noche, o le permitiría asistir a conciertos de *rock* con sus amigos o aceptaría que su hijo no estudie cuando no tiene ganas de hacerlo.

PERMISIVISMO Y SUS CONSECUENCIAS

En la actualidad, cada vez más familias se hacen conscientes de la importancia que tiene el que sus hijos desarrollen sus futuras personalidades y del estilo de crianza con el que deben ser encaminados en la vida. Si bien es cierto que la relación paternofilial debería ser espontánea, no se debe olvidar que también es importante cada palabra, cada gesto, cada lección que los padres le dan a sus niños durante los primeros años de vida, pues estos los marcará y condicionará para siempre.

DIECIOCHO

LOS ANGELITOS

MARIANO OSORIO

Hace mucho tiempo, todos éramos angelitos felices y flotábamos en el cielo.

Dios. el director omnipotente y salvador, estaba en el cielo mirando cómo actuaban los hombres en la tierra.

Reinaba la desolación, el Padre veía tantos humanos en guerra, esposos y esposas que no complementaban en su espíritu, ricos y pobres apartados, sanos y enfermos distantes, libres y esclavos separados. El Señor suspiró, entonces reunió un ejército de ángeles y les dijo:

—¿Pueden ver a los seres humanos? ¡requieren ayuda! Necesito algunos voluntarios para que bajen y hagan el cielo en la tierra.

De inmediato, todos los ángeles levantaron la mano y preguntaron ilusionados y llenos de fe...

—¿Nosotros?

—Sí, ustedes son los indicados. Nadie más podría cumplir esta tarea. Hice al hombre a imagen y semejanza mía, pero cada uno con talentos especiales. Permití diferencias entre ellos para que juntos formasen un reino. Unos alcanzarían riquezas para compartir con los pobres. Otros gozarían de buena salud para cuidar a los enfermos. Unos serían sabios y otros muy simples para procurar entre ellos sentimientos de amor, admiración y respeto. Los buenos tendrían que rezar por aquellos que actuarán como si fueran malos. El paciente toleraría al neurótico. En fin, mis planes deben cumplirse para que el hombre goce, desde la tierra, la felicidad eterna. Y para lograrlo, ¡ustedes bajarán con ellos!

—¿De qué se trata?, preguntaron los angelitos.

—Como los hombres han olvidado que los hice distintos para que se complementen unos a otros y formarán el cuerpo de mi hijo amado; ustedes bajarán con francas distinciones y tareas especiales para salvar el mundo. Como ángeles, saben que su misión y sus virtudes en la tierra son unión, fe, esperanza y caridad gobernadas por el amor, ustedes han sabido perdonar y con gran paciencia pasan la vida iluminando a todo aquel que los ha querido amar.

Antes de despedirse de Dios y de los otros ángeles, uno de los nuevos seres humanos, levantó la mano.

—¿Por qué tendría que ser tan difícil nuestra misión?, —preguntó—, ¿acaso no todos los seres humanos de la tierra desean lo que tenemos? ¿No quieren un cielo en la tierra?

—Sí, lo quieren, —dijo Dios sonriendo—, pero recuerden que ellos también son ángeles.

—¿Entonces por qué se supone que nuestra misión será tan complicada? ¿Por qué será difícil crear un cielo en la tierra?, —insistió el ángel.

—Porque les di una mente a los humanos, —dijo Dios.

—¿Y cuál es el problema con que tengan una mente?, —continuó el ángel.

—Cuando tienes mente, esta se hace cargo y se te olvida que existe el cielo. Lo primero que querrán hacer tus padres será empezar a educar tu mente para que coincida con la forma de pensar de ellos. Te enviarán a la Iglesia para que aprendas sobre el bien y el mal. Y luego te enviarán a la escuela para que aprendas que hay gente inteligente y gente estúpida, —explicó el Señor.

—Entonces, ¿cuando lleguemos a la tierra nuestra tarea será recordar que debemos de ir más allá de nuestra mente, recordar que todos somos ángeles y crear el cielo en la tierra?, —preguntó el ángel.

—Así es, —dijo Dios sonriendo—. La palabra que más usan los humanos es «yo», esta palabra viene del ego y de la mente. «Yo» representa una ilusión, el «yo» pierde por completo el vínculo que tiene con el cielo.

Los ángeles escucharon la advertencia de Dios sobre la palabra «yo», y después otro de ellos preguntó:

—Y, ¿qué pasa si olvidamos que todos somos ángeles, si fallamos y no podemos construir el cielo en la tierra?

—Seguirán muriendo y naciendo una y otra vez, hasta que, por fin, recuerden que son angelitos..., —explicó Dios—. Esta será la última vez que me comunique directamente con ustedes, —dijo Dios—, en un momento el cielo será borrado y recibirán su propia mente.

—Pero ¿cómo hablaremos contigo?, —preguntó otro de los ángeles.

—Cuando lleguen a la tierra les enseñarán a orar y cuando oren, estarán hablando ustedes no yo.

—¿Cómo nos hablarás tú?, —preguntó el ángel.

—Nunca volverán a escuchar mi voz, —dijo Dios con una sonrisa—, me comunicaré con ustedes a través de la tranquilidad.

—¿Te refieres al silencio?

—No, —dijo Dios—, la tranquilidad, es la paz más allá del silencio. Se percibe la tranquilidad cuando se ve un lago, temprano por la mañana, antes de que el viento agite la superficie. La tranquilidad, es la paz que sentirán cuando observen el cielo.

—¿Cómo sabremos que eres tú quien nos habla?

—Cuando su mente esté en silencio y sientan paz, sabrán que estoy con ustedes, mientras su mente siga hablando, no podrán escucharme. La mente es muy arrogante, les hará creer que pueden entenderme y que es más inteligente que yo, es extremadamente soberbia y no sabe nada, —dijo Dios.

—¿Qué será aquello que sí sabremos?, —preguntó otro ángel.

—Sabrán que estoy con ustedes cuando se conviertan en uno solo con un hermoso amanecer, cuando sean uno con las estrellas, con un árbol, con una flor, con un arroyo burbujeante, cuando sean uno con lo que está fuera de ustedes, sentirán que estoy ahí. Cuando sientan paz y su mente esté en silencio, cuando su alma se conecte como uno con una flor, con el ser humano que tengan al frente, estaré con ustedes en el presente y en el ahora.

—¿Cuándo seamos uno estaremos contigo?, —preguntó otro ángel.

—Sí, en cuanto reciban su mente se volverán dos, serán separados de todas mis criaturas y creaciones. Su mente empezará a catalogar, a criticar, a juzgar y a fingir que es Dios.

—¿Cómo podemos conectarnos contigo?, —continuó el ángel.

—A través de la paz que se enlaza con mis otras creaciones. También pueden orar. Cuando conecten su belleza interior con su belleza exterior en la tranquilidad y en meditación, yo estaré ahí, —explicó Dios.

—Cuando oremos estaremos hablando contigo, pero, para que tú hables con nosotros, ¿tenemos que apagar nuestra mente, permanecer tranquilos y orar?, —preguntó el ángel.

—Así es. Sin embargo, no escucharán nada de lo que yo diga, —dijo Dios.

—¿Qué sucederá si practicamos la calma, la meditación y permanecemos en el ahora?, —preguntó otro de los ángeles.

—Estarán conmigo cada vez más unidos. Un día verán una flor desde su alma, no desde su pensamiento, y exclamarán: «¡Oh, Dios mío!», entonces estaré con ustedes, —explicó Dios.

—¿Y serás tú quien nos hable?, —continuó el ángel, y Dios asintió.

—Ahora váyanse, no recordarán nada de esto, pero cuando sientan la paz y el asombro del «¡Oh, Dios mío!» en su alma cada día más, estaremos juntos, porque recordarán que son angelitos y que trabajan conmigo para construir el cielo en la tierra.

—¿Y llegará un día en el que viviremos eternamente en ese glorioso momento en el que digamos «¡Oh, Dios mío!»?

Dios asintió de nuevo.

—Pero en la tierra no tenemos que ser angelitos, ¿verdad?, —preguntó otro ángel.

—No, —dijo Dios—, por eso les daremos una mente dividida en dos y alimentada por el ego. Ahora serán seres humanos, siempre tendrán la libertad de elegir de qué lado de su mente quieren estar. No olviden que todo en la tierra es una dualidad, que encontrarán el bien y el mal, la materia y el espíritu, el realismo y el idealismo, ricos y pobres. Su desafío como humanos será volver a ser «uno con la vida», conectarse con todo y volver a unirse.

El momento de partir llegó y Dios le entregó a cada angelito un regalo en una hermosa envoltura.

—Aquí tienen su mente, cada una es distinta, lo que significa que todos serán humanos, pero no iguales. Su desafío consistirá en aprender a estar con los otros, vincularse en espíritu y amarse a pesar de sus diferencias.

Uno de los angelitos preguntó:

—¿Cuánto tiempo viviremos sin verte?

Otro cuestionó:

—¿Cuánto tiempo estaremos lejos de ti?

—No se preocupen, estaré con ustedes todos los días. Además, esto sólo durará unos cuantos años, será sólo un instante en el reloj eterno, —dijo el Señor.

Los ángeles aceptaron sus hermosos regalos. Y Dios les dijo:

—Vayan ahora.

En cuanto tomaron los regalos, sus hermosos recuerdos del cielo se borraron.

Dios eligió a varios y luego los preparó para el proceso de nacimiento.

Los ángeles se sintieron felices con la elección del Señor, aunque les causaba enorme tristeza tener que apartarse del cielo para cumplir su misión.

Y, finalmente, les desearon «buena suerte».

Y bajaron a la tierra emocionados.

Se les asignaron padres y el país en el que nacerían.

Cada uno llegó al vientre de una madre, ahí se formaron durante nueve meses.

Algunos padres rehusaron la tarea, otros la asumieron enojados, otros se echaron culpas hasta disolver su matrimonio y otros más lloraron con amor y aceptaron el deber.

DIECINUEVE

EL PODER SANADOR DE HACER EL BIEN

Varias investigaciones muestran que, al ayudar a los demás se experimenta una tranquilidad que perdura por un largo período de tiempo después de haber realizado el acto amable.

Estudios del cerebro demuestran que asistir a otros, nos proporciona un profundo estado de alegría y deleite, este procede de cultivar la generosidad.

¿CÓMO AYUDAR?

Resolver, ayudar y servir, son actos de caridad de diferentes formas, lo más importante es que debemos aceptar a las personas en cualquier situación en la que se encuentren en la vida.

Algunas veces, es difícil ser generosos, porque no sabemos qué hacer o decir cuando una persona está angustiada, con algún dolor o incomodidad.

La clave es escuchar y saber que, tu sola presencia, hablará muy bien de ti.

En los últimos años, la pregunta ¿cómo puedo ayudar? se ha vuelto muy significativa para muchas personas, sin embargo, la verdadera pregunta sería, ¿cómo puedo servir? Hay momentos en los que puedes resolverle una situación difícil a algunas personas.

Por ejemplo, puedes donar parte de tu comida o ropa de tu familia a personas afectadas por algún desastre natural, también puedes ayudar a un anciano convaleciente a realizar sus compras y actividades básicas, si eres propietario de algún restaurante, puedes hacer emparedados y regalárselos a los pobres o desamparados que estén en tu área, también puedes colaborar recogiendo basura en los parques o plantando árboles.

Es importante que mires alrededor de tu vecindario y busca alguna necesidad inmediata.

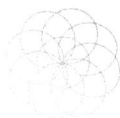

BENEFICIOS ESPIRITUALES DE AYUDAR A LOS DEMÁS

Algunos estudios muestran que el ayudar a los demás disminuye los resfriados, aumenta la alegría, incrementa la autoestima, se experimenta menos estrés e incluso menos dolor físico.

Después de leer esta sección, probablemente, hayas descubierto que ser amable y caritativo con los demás, es beneficioso tanto para ti como para el que recibe.

Otras investigaciones muestran que mientras más feliz vives, eres más optimista en tu accionar.

La felicidad, al parecer, estimula el deseo de hacer del mundo un lugar mejor.

La verdadera felicidad no puede existir mientras otros sufren, esta proviene sólo de servir a los demás y vivir en armonía con la naturaleza.

Si tienes solvencia económica, una buena forma de utilizarla es contribuyendo con causas benéficas para mejorar este mundo.

No importa si es mucho o poco lo que puedas dar, el necesitado siempre te agradecerá el gesto.

Los gestos de agradecimiento y las sonrisas que recibes de aquellos que ayudas, son regalos muy valiosos que nutren el alma, más que las cosas materiales que nos ofrece el mundo.

CONCLUSIÓN

A lo largo de este escrito hemos reflexionado acerca de las diferentes maneras que tenemos para desarrollar nuestra generosidad, ofreciendo y compartiendo nuestro tiempo con los demás. También hemos visto que ser caritativos es una elección que debemos hacer voluntariamente, para contribuir con el mundo que nos rodea y expresar nuestra generosidad.

Una conclusión básica es que cuando hemos florecido como humanos encontramos nuestro camino y una vida de progreso que nos dará plenitud. Ciertamente, no es difícil prosperar, si nos disponemos a crecer y a desarrollar nuestros valores personales.

Después de haber compartido esta obra contigo permíteme hacerte dos preguntas:

1- ¿Qué valores pondrás en práctica sirviendo a los demás en los próximos tres días?

2- ¿Con qué acto de bondad y de amabilidad a la vez podrías marcar la diferencia? Puedes comenzar a partir de ahora.

Dios nos ha concedido una preciosa vida a cada uno de nosotros, y cada día, al despertar, nuestro primer pensamiento debería ser que somos afortunados por haber despertado un día más, que estamos vivos para contemplar la belleza de la Creación Divina en su plenitud.

Recuerda llevar una vida de crecimiento espiritual y de prosperar siempre.

El amanecer es la parte más bonita del día, porque es cuando Dios te dice ¡levántate! Te regalo otra oportunidad de vivir y comenzar nuevamente tomado de mi mano.

En este libro vimos cómo desarrollar:

- La autoestima
- La cordialidad
- La gratitud
- El perdón
- La empatía

- El poder sanador de hacer el bien
- Te ayudará a encontrar el cielo en la tierra

El florecimiento humano, es el conjunto de valores que tiene una persona y que comparte con los demás profesando el verdadero amor, por sus actos de bondad logra alcanzar una vida próspera y plena.

Al leer este libro, probablemente, aprendiste a tener flexibilidad mental, a mejorar tus relaciones interpersonales y ser tolerante y objetivo, seguramente tu presencia es grata y por eso los demás se sienten bien a tu lado.

Quisiera dedicar unas palabras para darte las gracias por el tiempo que has destinado a la lectura de este libro que he escrito con mucha pasión a fin de compartir mis conocimientos y mi experiencia de florecimiento humano contigo.

«Los días buenos te dan FELICIDAD,
los días malos te dan EXPERIENCIA,
los intentos te mantienen FUERTE,
las pruebas te mantienen HUMANO
las caídas te mantienen HUMILDE,
pero sólo Dios te mantiene de PIE».

SAN JUAN PABLO II

DESCRIPCION DEL EMBLEMA

L a flor blanca es la orquídea *cymbidium* que representa las virtudes y la moral. Los valores y el respeto al prójimo. El color blanco representa pureza, iluminación, perfección e inocencia.

Los cinco pétalos, representan el número cinco, el crecimiento espiritual, el equilibrio y el balance en nuestras vidas.

El sol, es luz que invita a ver verdades ocultas, la sabiduría, la iluminación a través de cultivar el conocimiento y la conciencia espiritual.

El color anaranjado/dorado representa energía, felicidad, calor humano, unción.

El corazón, representa el sentimiento de amor y entrega a uno mismo y a los demás. El rojo/marrón carmesí representa fortaleza, poder, creatividad.

Las manos abiertas, representan el compartir nuestra buena fortuna con aquellos en necesidad.

El espiral o semilla de la vida, (en el fondo de la imagen) representa el plan divino, la interconexión entre la vida como energía vibratoria y la creación. La expansión hacia afuera desde la fuente divina. Acción y movimiento.

En resumen:

«La pureza que se encuentra en las virtudes están iluminadas por la conciencia espiritual y el amor incondicional, estos deben ser compartidos con otros como parte del plan divino que sigue activo».

BIBLIOGRAFÍA

Kiyosaki, R. T. (2019). *Falso*. (1era. Ed) Ciudad de México.

Penguin Random House Grupo Editorial, S. A. de C.V: 533 pág.

Lozano, C. (2017). *Actitud positiva*. (1era. Ed) Miami, Fl33156.

Penguin Random House Grupo Editorial, S. A. de C.V: 250 pág.

Osteen, J. (2007). *Lo mejor de ti*. (1era. Ed.) New York, NY.

10020 free pres. A division of Saimon Schuster, Inc. 377pág.

Sociedad Bíblica, C. (2005) *La Biblia Latinoamericana.* (114 reimpr.) Holanda Editorial VERBO DIVINO.

Chapman, G. (2016) *Los 5 lenguajes del amor.* (1era. Ed.)

Colombia Ediciones Unilit: 191 pág.

Hicks, E. J. (2010) *El vortis.* (1era. Ed.) Hay House, California. 284 pág.

Elliot, L. (2019) *Tu libro, Tu legado* librincoaching.com 46 pág.

Frankl, V. (2004). *El hombre en busca de sentido*

FUENTE DE INFORMACIÓN DE LAS REFLEXIONES

- https://sites.google.com/site/elespanolazo/textos/cuentos-y-poemas/cuentos-y-cuentitos/el-billete-arrugado
  «El billete arrugado»

- https://www.elclubdeloslibrosperdidos.org/2017/11/la-belleza-del-saludo-una-hermosa.html
  «La belleza del saludo»

- https://marianoosorio.com/blogs/reflexiones/los-angelitos
  «Los angelitos» Mariano Osorio (Adaptación de Arles Ballesteros)

- https://tucuentofavorito.com/la-ventana-del-hospital-cuento-corto-sobre-la-empatia/
  «La ventana del hospital»

- https://renuevo.com/power-point-imposible-atravesar-la-vida.html
«Imposible atravesar la vida»

- https://educacionparalasolidaridad.com/2017/02/01/una-historia-real-del-joven-llamado-albert-einstein/
«Una historia real del joven llamado Albert Einstein»

- https://marianoosorio.com/blogs/reflexiones/estoy-harto-de-la-vida
«Estoy harto de la vida»

- https://www.reflexionesparaelalma.net/page/reflexiones/id/169/title/Y-Dijimos-que-estaba-Bien...
«Y dijimos que estaba bien...»

- https://reflexionesdiarias.wordpress.com/2007/12/19/de-todos-modos/
«De todos modos»

- https://docer.com.ar/doc/88c1x1
«En la trinchera no hay ateos» (Tomado del libro «Falso» de Robert Kiyosaki, capítulo 13, título: «Un estudiante de Dios», pág. 314. 1era. Edición en esp. Sept. 2019 (Adaptación de Arles Ballesteros)

"Espero que, el final de este libro sea el principio de una nueva fase en tu vida"
                                        -Arles Ballesteros – El Autor.

TEXTOS RECOMENDADOS PARA LECTURA ADICIONAL

En este libro, *Florecimiento a través de las virtudes*, recomiendo algunas obras de autoayuda que te motivarán a tener pensamientos de bondad y deseos de ayudar a los demás.

Enumeraré algunos textos en los cuales me inspiré para escribir este libro, te invito a leerlos para que, a través de ellos, desarrolles las virtudes que te ayudarán a llevar una vida de florecimiento.

HAY UN LIBRO DENTRO DE TI - Raimón Samsó

TU LIBRO, TU LEGADO - Dra. Laura Elliot

FALSO - Robert T. Kiyosaki

Blog "Reflexiónes" LOS ANGELITOS - Mariano Osorio

BIOGRAFÍA DEL AUTOR

Arles Omar Ballesteros Fernández es una persona de buena fe y de buenos principios mo-rales, que fomenta el valor del amor, además disfruta compartir con los demás sus conocimientos de desarrollo y su-peración personal.

Nació en el seno de una familia humilde en Olanchito, la ciudad cívica de Honduras, el 2 de septiembre de 1966. Desde los diecisiete años emigró a otra ciudad, inspirado por un espíritu de superación, dedicándose a varios quehaceres y labores para sostenerse y ayudar a sus padres. Trabajó en la creación de estructuras y artesanías metálicas, como soldador, lavando platos, como mesero, hacedor de muebles y fue marino por varios años. Todo eso lo hizo mientras terminaba su educación secundaria en las noches, aun así, logró graduarse con honores.

El arte también es parte importante en su vida, aparte de escribir y ser un ávido lector también disfruta haciendo origami y, aun siendo zurdo, toca muy bien la guitarra y el piano, compone canciones y canta. Además, crea esculturas ornamentales metálicas.

Hoy en día reside en los Estados Unidos junto a su esposa y sus tres hijos y desea compartir con el mundo lo que, para él, con base en sus experiencias, es el verdadero propósito de la existencia del hombre en la tierra, como también algunos secretos y técnicas para ser verdaderamente feliz.

SOLICITO TU APOYO

Por favor, ayúdame para que este libro llegue a más personas. Deja tu sincera **reseña o comentario** en Amazon o en cualquier otra plataforma digital en la que lo hayas adquirido. He de confiar en los lectores el éxito de este libro.

COMENTARIOS

Para comentarios: arlesballestero666@gmail.com
Facebook: Arles Ballesteros
Instagram: @Arles.Ballesteros

Para más información sobre el libro o el autor escanea este código QR

https://quisqueyanapress.com/arles-ballesteros

www.ingramcontent.com/pod-product-compliance
Lightning Source LLC
Chambersburg PA
CBHW032056040426
42335CB00036B/346